学ぶ人は
変えて
ゆく人だ。

JN051746

目の前にある問題はもちろん、

人生の問いや、

社会の課題を自ら見つけ、

挑み続けるために、人は学ぶ。

「学び」で、

少しずつ世界は変えてゆける。

いつでも、どこでも、誰でも、

学ぶことができる世の中へ。

旺文社

英検のプロと一緒！

文部科学省後援

つきっきり英検®

準1級

家庭教師のトライ 企画・監修

山田 暢彦 著

旺文社

contents

つきっきりレッスン

contents

つきっきりレッスン
英作文・面接対策編

音声について

本書の内容を効果的に学習するには、音声が必須です。
アプリまたはダウンロードによって音声を聞くことができます。

1. リスニングアプリ「英語の友」(iOS/Android) で再生

ご利用方法

❶「英語の友」公式サイトより、アプリをインストール

https://eigonotomo.com/

※右の二次元コードから読み込めます。

英語の友　　検索

❷アプリのライブラリボタンからご購入いただいた書籍を選び、
「追加」ボタンを押してください

❸パスワードを入力すると、音声がダウンロードできます

パスワード：cgjnys　※すべて半角アルファベット小文字

※本アプリの機能の一部は有料ですが、本書の音声は無料でお聞きいただけます。
※詳しいご利用方法は「英語の友」公式サイト、あるいはアプリ内ヘルプをご参照ください。
※本サービスは、予告なく終了することがあります。

2. パソコンで音声データダウンロード (MP3)

ご利用方法

❶Web ページ（以下のURL）にアクセス

https://www.obunsha.co.jp/service/tsukikkiri/

❷音声ダウンロードで「準1級」を選択してください

❸パスワードを入力すると、音声がダウンロードできます

パスワード：cgjnys　※すべて半角アルファベット小文字

※音声ファイルはzip 形式にまとめられた形でダウンロードされます。
※音声の再生にはMP3 を再生できる機器などが必要です。
※ご使用機器、音声再生ソフト等に関する技術的なご質問は、ハードメーカーもしくはソフトメーカーにお願いいたします。

執筆協力：株式会社エデュデザイン
装丁デザイン：牧野剛士
本文デザイン：相馬敬徳（Rafters）
イラスト：おおさわゆう、岡村亮太、有限会社アート・ワーク
DTP：幸和印刷株式会社
録音：株式会社巧芸創作

ナレーション：Greg Dale、Julia Yermakov、
　　　　　　　Emma Howard、Howard Colefield
問題制作：Adrian Pinnington、株式会社シー・レップス、
　　　　　鹿島由紀子、清水洋子
編集協力：清水洋子、内藤 香、Jason A. Chau

Welcome to
NOBU's つきっきりレッスン!

Hi！NOBUです。ぼくのつきっきりレッスンは、耳で聞いて声に出すとってもアクティブなレッスンです。音声を再生したら、ぼくと1対1の授業が始まると思ってくださいね。さぁ、音声を再生して、いっしょに英検準1級の英語力を身につけよう！

動画でレッスンを体験！
https://www.obunsha.co.jp/service/tsukikkiri/

NOBU's プロフィール

山田暢彦 *Nobuhiko Yamada*
アメリカ出身のバイリンガル英語講師。ネイティブの感覚を日本語でわかりやすく説明する指導に定評がある。監修した『中1英語をひとつひとつわかりやすく。』（学研プラス）などの中学生向けシリーズは記録的なベストセラーに。そのほか書籍30冊以上、累計200万部超えのベストセラー著者。現在"世界に通用する英語"をモットーに、オンラインでNOBU English を主宰。慶応義塾大学（SFC）卒。TOEIC® L&R テスト連続満点、国連英検特A級、英検®1級。
www.nobuyamada.com

世界で一番好きなもの
人の明るい笑顔

1日のうちで欠かせないこと
ベランダで朝イチで飲むコーヒー

英語と日本語の勘違い話
「色とりどり」を「イロドリミドリ」とずっと言っていた…。

きみの時間を
1分もむだにしない！
話せる英語が身につく
レッスンを届けます！

レッスンの特長

44レッスンすべてが音声つき
音にこだわっているのがこのレッスンの最大の特長。本を開いて音声を再生して、ぼくがつきっきりで隣にいるような感覚でレッスンを受けてくださいね!

1回15分
忙しいみんなが毎日続けられるように、1レッスンは約15分。「15分すらない」っていうときは、「今日は右のページ、半分だけ」というように小分けにして取り組もう。

英検合格に必要な単熟語をぎゅっと凝縮
レッスンで扱う英文には、英検準1級によく出る単熟語をこれでもかと盛り込みました。1冊やり終えるころには、過去問を解く力がしっかり身についているはず!

英語の語順で内容を理解できる
解説音声では、英語の語順で意味が理解できるように和訳を工夫しています。このやり方に慣れると、音が耳に入ってきた順で英語を処理できるようになります。

レッスン音声は、左ページの解説で約7分半、
右ページのトレーニングで約7分半です。
レッスンの英文は段階的にレベルアップしていくので、
レッスン1から順番に受けていきましょう。

❶まずは音声を再生！

レッスンページを開いたら、スマホアイコン
の隣の番号を確認して音声を再生しよう。

❷つきっきり英文解説

英文のモデル音声とその解説が流れるので、
内容をイメージしながら聞こう。

● 太字は初めて登場する重要単語や表現。
前のレッスンですでに出てきたものは
グレーで表示。

● なるほどと思った解説は、英文の右の
空欄にメモしておこう。

● 難しいと感じたら、英文の訳を確認し
てからもう一度聞いてみよう。

❸文法と表現を確認

文の構造を理解してから、リピートやシャ
ドーイングをすると文法と表現の使い方も身
につきやすくなります。

---

1 友だち・同僚との会話❶

その後、ジムはどう？

同僚と雑談。最近、ジムに通い始めたと言っていたので様子を聞いてみます。

つきっきり英文解説

 01-1 〜01-3

モデル音声と解説を聞いて、英文の内容を確認しよう。
大事なところはメモを取ろう。

A: How's your **workout** going?
B: It's going well. I go three times a week.
A: Wow, that's a lot. How do you find time for it?
B: I **signed up for** a gym close to my **workplace**. I usually go first thing in the morning before work, around 7 a.m.
A: That's pretty early.
B: Well, it **definitely** takes **discipline** to do it **regularly**. But I'**m committed to** getting my body back **in shape**.
A: Maybe I should try it, too.
B: Yeah, you should. Ever since **taking up** exercise, I've been eating healthier, too. I'm much more **conscious** about eating **nutritious** food.

英文の訳

A: 運動はどう？
B: うまくいってるよ。週に3回通ってる。
A: わあ、それは多いわね。どうやって時間を見つけてるの？
B: 職場のすぐ近くのジムに入会したんだ。たいてい仕事前の朝いちばん、午前7時くらいに行くよ。
A: 結構早いわね。
B: そうだね、定期的にやるには確かに自制が必要だね。でもぼくは自分の体を健康な状態に戻すことに打ち込んでるんだよ。
A: 私もやってみようかしら。
B: うん、やったほうがいいよ。運動を始めてから、健康的な食事をするようにもなったんだ。栄養のあるものを食べることを、ずっと意識するようになったよ。

文法と表現

Ever since taking up exercise, I've been 〜.
〈ever since 〜〉
ever since 〜 は「〜以来ずっと」という意味。通常、完了形とともに使われる。

 次はトレーニング！

18

英検問題にチャレンジ！

「英検問題にチャレンジ！」では、未習の単語や表現も出てくるので、
難しいと感じるかもしれません。でも、まちがったりわからないと
感じたりしても、気にしないでくださいね！　このページは、問題
を解くことを通じて、新しい語いを覚えたり、リスニング力をつけ
たりするためのものだと思ってください。まちがってもOKなんで
す。どんどん解いて、新しい単語や表現を覚えていきましょう！

右ページからトレーニング開始！
声を出して学習しよう！
終わったら☑にチェック！

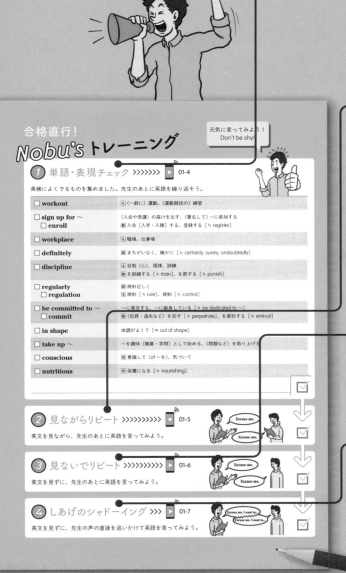

❹単語・表現チェック

左ページに登場した単語や表現とその関連語をリストアップしてあります。ぼくの音声のあとに続いてリピートしよう。意味をイメージしながら声に出すと記憶が定着しやすくなります。

❺見ながらリピート

英文を見ながら、ぼくの音声のあとに続いてリピートしよう。

> リピートやシャドーイングをするときは、ただ音声をまねするのではなく、必ず意味のまとまりごとに内容をイメージしながら声を出そう。音と意味を結びつける感覚が育ちます。

❻見ないでリピート

今度は英文を見ないで、ぼくの音声のあとに続いてリピートしよう。

❼しあげのシャドーイング

英文を見ないで、ぼくの音声のあとに続いてシャドーイングをしよう。シャドーイング（shadowing）とは、影（shadow）のようにお手本の音声を追いかけて、声に出す英語学習方法のことです。

合格直行！
Nobu's トレーニング

> 元気に言ってみよう！
> Don't be shy!

① 単語・表現チェック ＞＞＞＞＞＞ 01-4

英検によくでるものを集めました。先生のあとに英語を繰り返そう。

☐ workout	图（一般に）運動、（運動競技の）練習
☐ sign up for ～ ☐ enroll	（入会や受講）の届けを出す、（署名して）～に参加する 働 入会［入学・入隊］する、登録する［≒ register］
☐ workplace	图 職場、仕事場
☐ definitely	圖 まちがいなく、確かに［≒ certainly, surely, undoubtedly］
☐ discipline	图 自制（心）、規律、訓練 働 を訓練する［≒ train］、を罰する［≒ punish］
☐ regularly ☐ regulation	圖 規則正しく 图 規則［≒ rule］、規制［≒ control］
☐ be committed to ～ ☐ commit	～に専念する、～に献身している［≒ be dedicated to ～］ 働（犯罪・過失など）を犯す［≒ perpetrate］、を委託する［≒ entrust］
☐ in shape	体調がよくて［⇔ out of shape］
☐ take up ～	～を趣味［職業・学問］として始める、（問題など）を取り上げる
☐ conscious	圈 意識して〈of ～を〉、気づいて
☐ nutritious	圈 栄養になる［≒ nourishing］

☑

② 見ながらリピート ＞＞＞＞＞＞＞＞＞ 01-5

英文を見ながら、先生のあとに英語を言ってみよう。

Excuse me.
Excuse me.

☑

③ 見ないでリピート ＞＞＞＞＞＞＞＞＞ 01-6

英文を見ずに、先生のあとに英語を言ってみよう。

Excuse me.
Excuse me.

☑

④ しあげのシャドーイング ＞＞＞ 01-7

英文を見ずに、先生の声の直後を追いかけて英語を言ってみよう。

Excuse me. I want to...
Excuse me. I want to...

☑

まとめて覚える！単語

語い力をつけるのに役立つのが「まとめて覚える！単語」です。このページと「つきっきりレッスン」で英検準1級の最重要単語をカバーしています。単語は、まず音声を聞いて声に出して覚えてください。言語は音が基本なので、聞く→声に出す→書くの順で取り組むと効率よく暗記できます。

NOBU式英語学習法

なぜ聞くことと
声を出すことを
繰り返すの？

答えは……
これがいちばん
英語が上達するから

　英検対策に限らず、英語学習全般に言えることですが、音を学習の中心におくとインプットの質が飛躍的に向上します。「お手本そっくりに発音しよう！」と思いながら聞くと、モデル音声と自分の発音とのちがいに気づいてどんどん上達するんです。さらに、声を出すことで、単語やフレーズの定着率が高まります。

音によるインプットをすると

 4技能 がレベルUP！

声に出す

聞く

Hi, Joe. Where are you going？……

ライティング力 UP

英語表現が出るスピードが
速くなるから

スピーキング力 UP

耳で聞き慣れた英語表現が
とっさに口から出る瞬発力が
身につくから

リーディング力 UP

英語の語順で
意味のかたまりごとに
理解できるようになるから

リスニング力 UP

音に慣れ、瞬時に意味をとらえる
ことができるようになるから

自分のレベル、目的にあったインプットの素材選びも重要。この本の英文には、英検準1級の重要単語・表現・文法を凝縮しているので、合格する力を養うのに最適です。

この本で英語を学習すると……

❶英検準1級レベルの単語や表現、文法を独自の学習法でインプットし、「英検問題にチャレンジ！」にも取り組むことによって、合格に必要な力がバランスよく身につきます。❷音を中心にした学習法のため、音を聞いて意味のかたまりごとに内容をイメージするスピードが上がります。❸「Nobu's トレーニング」で「聞く」と「声に出す」を繰り返していると、英語に素早く反応できるようになり、話しかけられたときにパッと答えやすくなります。❹英語の語順や意味のまとまりを意識したトレーニングを行ううちに、脳が英語の語順で英語を処理するようになっていきます。❺トレーニングでお手本の発音に少しでも近づくように努力するうち、うやむやにしている発音や単語がなくなり、ネイティブの英語が耳に入りやすくなっていきます。

「つきっきり」のその先へ！
ステップアップ学習法のすすめ

「つきっきりレッスン」だけではない、さらに英語力を高め、
英検合格をより確実にするための方法をご紹介します。

もう一歩先をいく、本書の活用法

　この本には、英検合格はもちろん、本当の英語力を身につけるために必要なエッセンスが
ぎゅっとつまった英文が掲載されています。1回15分のレッスンの中では紹介しきれなかった、
これらの英文を使った学習法を紹介します。さらなる実力アップにつなげましょう！

❶シャドーイングのスピードアップ！

　各レッスンの「Nobu's トレーニング」で体験したリピートやシャドーイングは、トレーニ
ングがしやすいようにスピードをやや遅めにしています。

　もっと自然な速さの英文を話せるようになりたい、という人には、各レッスンの冒頭のネイ
ティブ・スピーカーのモデル音声を使って、シャドーイングをするのをおすすめします。最初
は速さについていけなくて難しいと感じるかもしれませんが、そのときは、本を見ながらシャ
ドーイングしてもOKです。何度も繰り返すうちに、着実に上達していきますよ！

❷和文を瞬時に英訳！

　各レッスンの「英文の訳」を1文ずつ、英語に訳して口に出してみましょう。そんなの難し
すぎる！　と思うかもしれませんが、レッスンを終えたあとならきっと大丈夫。レッスン中に
リピートやシャドーイングで何度も繰り返し口に出したのだから、きっとその英文はインプッ
トされているはず。恐れず挑戦してみましょう。正しい英文はすぐ上に書かれているので、す
ぐに答え合わせもできますよ。

　このトレーニングでは、リピートやシャドーイングのようにマネするのではなく「自分で英
文を考える」ということが必要になるから、すごく力がつきます。英語に訳すときには、a と
the の違いや前置詞の使い分けがあやふやになりやすいので、特に注意しましょう。

❸さくいんで語い力チェック！

　この本には、旺文社が分析したデータに基づいた「英検に合格するためにもっとも重要な単
熟語」が掲載されていて、それらがすべて本の最後の「さくいん」にまとめられています。「さ
くいん」に並んだ英単語・熟語を見て、すぐに意味と読み方がわかりますか？　もしわからな
かったら、掲載ページを見て確認しましょう！

　「さくいん」を検索ツールとしてだけでなく、語い力チェックのツールとしても活用すること
をおすすめします。

家庭教師のトライ×山田暢彦×旺文社コンテンツによる映像授業

映像授業についてくわしくはこちら **https://www.trygroup.co.jp/eiken/**

「家庭教師のトライ」では、この本の各レッスンをぼくが解説する映像授業を含む英検対策講座を提供しています。映像授業では、「発音」についてくわしく解説しているほか、リピートやシャドーイングを楽しくトレーニングできる映像ならではの工夫がされています。

※映像授業をご覧になるためには、有料会員登録が必要です。
　詳しくは上記サイト内の説明をご覧ください。

語い力をさらに高めるために

　英語がわからない原因の大半は、語いがわからないこと。だからまずは語い力をつけることが大切です。語い力さえあれば、リスニングも、リーディングも、そしてその先のスピーキングにも対応可能です。語い力は、英検合格はもちろん、英語でコミュニケーションをとるためにとても大切な力です。

❶語い力の身につけ方

　勉強中に知らない単語や熟語に出会ったら、正しく理解するために、きちんと調べましょう。なんとなく意味を推測するだけで終わってしまうと、身につきません。そして調べるときには、「意味（訳）」と「発音（読み方）」の両方をおさえましょう。どのように発音するかまで理解しないと、リスニングで聞いたときにわからないですし、自分で口に出して言うこともできなくなってしまいます。リスニングをやったときにあわてて音声対策をしても遅いので、意味を覚えるときに、いっしょに発音もおさえましょう。

　そして、その単熟語は声に出して言ってみましょう。この本で繰り返しトレーニングしたように、声に出して読むことで、記憶が定着します。単熟語を「調べて、読んで、覚える」。この3段階を経て、語い力を高めていくことができるんです。

❷語い力をつけるためのおすすめ教材

過去問

　英検の過去問を解くことは、問題形式を知るだけでなく、語い力をつけるためにもとても有効です。実際の問題を解く中で新しい単語に出会って、調べて、どんどん吸収していく。そんな気持ちをもって問題に取り組んでみてください。

単語集

　英検の級ごとに分けられた単語集は、英検合格のための語い力をつけるために、頼もしい存在です。最初のページから一つずつ覚えていくというよりは、「覚えていない単熟語をチェックするためのリスト」として活用するのがおすすめ。ある程度語い力をつけてから、単語集に取り組む、という順番がいいでしょう。

　もし準1級の単語集を開いてみて、そのページに掲載されている単語がほとんどわからないという場合は、レベルが合っていないということです。ひとつ前の2級の単語集に戻ってみましょう。

過去問は英検合格に必須

　英検合格のためには、英検の問題形式に慣れること、時間を意識しながら問題に取り組むことも大切です。この本の「英検問題にチャレンジ！」で英検形式の問題を解くことができますが、実際に英検を受検する前には、筆記とリスニングをセットで、英検の一次試験1回分を丸ごと解いてみることをおすすめします。それによって、試験1回分にかかる時間感覚や必要な集中力も把握できます。

英語を自由に話すための、さらなるトレーニング

　英検に合格するだけでなく、英語を自由に話せるようになりたい、と考える人もいるでしょう。そのためのトレーニング方法を少し紹介します。ちょっと難しいかもしれませんが、これをやれば、確実に力がつきますよ！

❶相手に伝えるつもりで、音読してみる

　「Nobu's トレーニング」で体験したリピートやシャドーイングは、話す力を身につけるためにも、とても有効な方法です。そして声に出すときには、英文を漫然と読むのではなく、会話文なら自分が登場人物になったつもりで読み、説明文ならだれかに内容を教えてあげているつもりで読みましょう。内容を理解した上で相手に伝えるんだ、という気持ちで口に出して練習

することによって、話す力の素地が身についていきます。

　レッスンの「つきっきり英文解説」で訳を言うだけではなく、どんな気持ちで言っているのか、というコメントもはさんでいるのは、話しているときの気持ちをわかってほしいからです。言葉にこめられた意図を意識しながら話すことが、とても大切なんですよ。いっしょうけんめい発音だけを正確にマネしようとすると、どうしても意味や気持ちから離れていってしまいます。学習の最初のほうはそれでも仕方がないかもしれませんが、最終的には、相手に意味を伝えるという気持ちをもって声に出せるようになるといいですね。

❷英検問題も活用する

　「自分の考えをまとめて、言う」練習の一つとして、英検のリスニング問題を活用する方法もあります。

　まずはリスニングの放送文と質問を聞いたら、印刷された選択肢を見ずに、自分で答えを考えて、口に出してみる。次に、もう一度、放送文と質問を聞いてみる。

　2回目に放送文を聞くときには、質問のポイントや答えの方向性がなんとなくわかっているので、ぐっと集中して、前のめりになって聞くことができます。そして、2回聞いたあとで、正解の選択肢を見れば、答え合わせもできますね。

　過去問を使って、手軽にアウトプット（自分の考えをまとめて、言う）と、集中して聞く、という練習ができるというわけです。

この「つきっきり英検」がきっかけとなって、
充実した英語学習につながることを祈っています！

Keep trying!
You can do it!

英検準1級の出題形式

英検合格のためには、英語力を上げるだけでなく、出題形式や試験時間についても知っておきましょう。

一次試験

おもな場面・状況	家庭、学校、職場、地域（各種店舗・公共施設を含む）、電話、アナウンス、講義など
おもな話題	社会生活一般、芸術、文化、歴史、教育、科学、自然・環境、医療、テクノロジー、ビジネス、政治など

筆記 🕐 90分　リスニング 🕐 約30分

問題	測定技能	形式・課題詳細	問題数	この本での同じ形式の問題掲載ページ
1	リーディング	文脈に合う適切な語句を補う。	25問	p.24, p.46, p.68, p.78, p.98
2		パッセージの空所に文脈に合う適切な語句を補う。	6問	p.120, p.134
3		パッセージの内容に関する質問に答える。	10問	p.126, p.140
4	ライティング	指定されたトピックについての英作文を書く。	1問	p.150
Part 1	リスニング 放送回数1回	会話の内容に関する質問に答える。	12問	p.34, p.54
Part 2		パッセージの内容に関する質問に答える。	12問	p.104, p.112
Part 3		Real-Life形式の放送内容に関する質問に答える。	5問	p.86

二次試験

おもな場面・題材	社会性の高い分野の話題
過去の出題例	在宅勤務、レストランでの喫煙、チャイルドシート、住民運動、キャッチセールス、護身術

英語での面接 🕐 約8分

問題	測定技能	形式・課題詳細	この本での同じ形式の問題掲載ページ
自由会話	スピーキング	面接委員と簡単な日常会話を行う。	p.158
ナレーション		4コマのイラストの展開を説明する。（2分間）	
No. 1		イラストに関連した質問に答える。	
No. 2		カードのトピックに関連した内容についての質問に答える。	
No. 3		カードのトピックに関連した内容についての質問に答える。	
No. 4		カードのトピックにやや関連した、社会性のある内容についての質問に答える。	

出典：公益財団法人 日本英語検定協会公式サイト
※2021年2月現在の情報です。予告なく変更になる可能性がありますので、最新情報は英検ウェブサイトをご確認ください。

つきっきりレッスン
レッスン 1〜40

いよいよレッスンのスタートです。
音声を聞く準備はできましたか?
最初は難しいと感じるかもしれませんが、
一緒にがんばっていきましょう!

友だち・同僚との会話❶

1 その後、ジムはどう？

同僚と雑談。最近、ジムに通い始めたと言っていたので様子を聞いてみます。

つきっきり英文解説 01-1 ～01-3

モデル音声と解説を聞いて、英文の内容を確認しよう。
大事なところはメモを取ろう。

A: How's your **workout** going?

B: It's going well. I go three times a week.

A: Wow, that's a lot. How do you find time for it?

B: I **signed up for** a gym close to my **workplace**. I usually go first thing in the morning before work, around 7 a.m.

A: That's pretty early.

B: Well, it **definitely** takes **discipline** to do it **regularly**. But I**'m committed to** getting my body back **in shape.**

A: Maybe I should try it, too.

B: Yeah, you should. Ever since **taking up** exercise, I've been eating healthier, too. I'm much more **conscious** about eating **nutritious** food.

英文の訳

A：運動はどう？

B：うまくいってるよ。週に 3 回通ってる。

A：わあ、それは多いわね。どうやって時間を見つけてるの？

B：職場のすぐ近くのジムに入会したんだ。たいてい仕事前の朝いちばん、午前 7 時くらいに行くよ。

A：結構早いわね。

B：そうだね、定期的にやるには確かに自制が必要だね。でもぼくは自分の体を健康な状態に戻すことに打ち込んでるんだよ。

A：私もやってみようかしら。

B：うん、やったほうがいいよ。運動を始めてから、健康的な食事をするようにもなったんだ。栄養のあるものを食べることを、ずっと意識するようになったよ。

文法と表現

Ever since taking up exercise, I've been ～.
〈ever since ～〉

ever since ～ は「～以来ずっと」という意味。通常、完了形とともに使われる。

次はトレーニング！

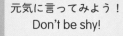
元気に言ってみよう！
Don't be shy!

合格直行！
Nobu's トレーニング

 単語・表現チェック >>>>>>> ▶ 01-4

英検によくでるものを集めました。先生のあとに英語を繰り返そう。

☐ **workout**	名（一般に）運動、（運動競技の）練習
☐ **sign up for ～** 　☐ **enroll**	（入会や受講）の届けを出す、（署名して）～に参加する 動 入会［入学・入隊］する、登録する ［≒ register］
☐ **workplace**	名 職場、仕事場
☐ **definitely**	副 まちがいなく、確かに ［≒ certainly, surely, undoubtedly］
☐ **discipline**	名 自制（心）、規律、訓練 動 を訓練する ［≒ train］、を罰する ［≒ punish］
☐ **regularly** 　☐ **regulation**	副 規則正しく 名 規則 ［≒ rule］、規制 ［≒ control］
☐ **be committed to ～** 　☐ **commit**	～に専念する、～に献身している ［≒ be dedicated to ～］ 動（犯罪・過失など）を犯す ［≒ perpetrate］、を委託する ［≒ entrust］
☐ **in shape**	体調がよくて ［⇔ out of shape］
☐ **take up ～**	～を趣味［職業・学問］として始める、（問題など）を取り上げる
☐ **conscious**	形 意識して〈of ～を〉、気づいて
☐ **nutritious**	形 栄養になる ［≒ nourishing］

☑

 見ながらリピート >>>>>>>>> ▶ 01-5

英文を見ながら、先生のあとに英語を言ってみよう。

Excuse me.
Excuse me.

☑

 見ないでリピート >>>>>>>>> ▶ 01-6

英文を見ずに、先生のあとに英語を言ってみよう。

Excuse me.
Excuse me.

☑

 しあげのシャドーイング >>> ▶ 01-7

英文を見ずに、先生の声の直後を追いかけて英語を言ってみよう。

Excuse me. I want to...
Excuse me. I want to...

☑

2

思い出の校舎

小学校の同窓会でひさしぶりに同級生に会い、通っていた校舎の話題になりました。

つきっきり英文解説 02-1 〜02-3

モデル音声と解説を聞いて、英文の内容を確認しよう。
大事なところはメモを取ろう。

A: Did you hear that our elementary school building is going to be **torn down** in March?
B: Really? I didn't know that. That's too bad. I have **fond** memories of taking classes there.
A: Yeah, me too. **Apparently**, the building doesn't meet **current** earthquake **guidelines**. It's **vulnerable** to earthquakes, and it's too old to **restore**.
B: I see. Well, I agree that safety should be a top **priority**.
A: Right. Rumor has it that they're going to make a new **commercial complex** on the **site**.
B: Well, that sounds exciting.

英文の訳

A：ぼくたちの小学校が3月に取り壊されるって聞いた？
B：ほんとう？　知らなかった。それは残念ね。あの場所で授業を受けた、懐かしい思い出があるわ。
A：ああ、ぼくもだよ。どうやら、校舎が現在の耐震基準を満たさないらしい。地震に弱いんだけど、古すぎて修復できないんだって。
B：なるほど。まあ、私も安全が最優先だと思うわ。
A：そうだね。うわさによると、跡地に新しい商業複合施設をつくるらしい。
B：へえ、それはわくわくするわ。

文法と表現

Rumor has it that 〜.〈rumor の使い方〉
rumor は「うわさ」という意味。Rumor has it that 〜. で「うわさによると（〜らしい）。」という意味になる。

次はトレーニング！

合格直行！
Nobu's トレーニング

一緒に声に出して
マスターしよう！

① 単語・表現チェック >>>>>> 02-4

英検によくでるものを集めました。先生のあとに英語を繰り返そう。

☐ **tear down 〜**	〜を取り壊す ［≒ demolish］
☐ **demolish**	動 を取り壊す、を（意図的に）破壊する ［≒ destroy, break ［knock, pull, smash］ down］
☐ **fond**	形 懐かしい、愛情のこもった
☐ **be fond of 〜**	〜を好む
☐ **apparently**	副 どうやら、聞いたところでは
☐ **current**	形 現在の、流通している
☐ **guideline**	名 （政策などの）指針、ガイドライン
☐ **vulnerable**	形 弱い、傷つきやすい
☐ **restore**	動 を修復する ［≒ repair］、を復活させる ［≒ reinstate］
☐ **priority**	名 優先（権）［≒ precedence, preference］
☐ **commercial**	形 商業（上）の、営利的な
☐ **complex**	名 複合施設、複合体 形 複雑な ［≒ complicated］、複合（体）の ［≒ compound］ ●アクセント注意 compléx
☐ **site**	名 用地、場所 ［≒ location, place］、遺跡

② 見ながらリピート >>>>>>>>> 02-5

英文を見ながら、先生のあとに英語を言ってみよう。

③ 見ないでリピート >>>>>>>>> 02-6

英文を見ずに、先生のあとに英語を言ってみよう。

④ しあげのシャドーイング >>> 02-7

英文を見ずに、先生の声の直後を追いかけて英語を言ってみよう。

3 友だち・同僚との会話❸

「行けない」と伝えて

休日の朝、体調がすぐれないジョアンヌは、友だちのリックに電話をかけます。

つきっきり英文解説

 03-1 ～03-3

モデル音声と解説を聞いて、英文の内容を確認しよう。
大事なところはメモを取ろう。

A: Hi, Rick. It's Joanne. Listen, about today's barbecue party, I'm afraid I won't be able to **make it**.

B: Oh, that's a **shame**.

A: I think I've **come down with** a cold. I have a **slight** fever.

B: Are you OK?

A: Yeah, I have no **distinct symptoms** other than fever, but I think I should stay home just to be safe. I'm probably a little **fatigued** from work.

B: Good idea.

A: Anyway, I tried calling Susan, who's **organizing** the party, but she didn't answer. Could you **pass** the message **on** when you see her?

B: Sure.

英文の訳

A：もしもし、リック。ジョアンヌよ。聞いて、きょ
　　うのバーベキューパーティーだけど、残念ながら
　　出席できそうにないの。

B：ええ、それは残念だ。

A：かぜをひいたみたい。微熱があるの。

B：大丈夫？

A：うん、熱以外にはこれといった症状はないんだけ
　　ど、念のために家にいようと思って。仕事で少し
　　疲れたんだと思う。

B：それがいいよ。

A：それでね、パーティーの主催者のスーザンに電話
　　をかけたんだけど、出ないのよ。彼女に会ったら
　　伝えてくれない？

B：わかった。

文法と表現

..., who's organizing the party
〈関係代名詞の非制限用法〉
関係代名詞を使って、先行詞（ここでは Susan）に
補足説明をするときの用法。先行詞との間にコンマが
入る。

次はトレーニング！

合格直行！
Nobu's トレーニング

> がんばった分だけ
> しっかり身につくよ！

① 単語・表現チェック ＞＞＞＞＞＞ 03-4

英検によくでるものを集めました。先生のあとに英語を繰り返そう。

□ **make it**	（会合などに）出席できる、間に合う、成功する
□ **shame**	名 残念なこと、恥
□ **come down with ～**	（軽い病気）にかかる
□ **slight** 　□ **slightly**	形 わずかな 副 わずかに
□ **distinct** 　□ **distinction**	形 はっきりとわかる［≒ clear］、明らかに異なる［≒ different］ 名 区別、相違点
□ **symptom**	名 症状、兆候［≒ sign, indication］
□ **fatigue** 　□ **wear out ～**	動 をとても疲れさせる 名 （心身の）（相当の）疲労［≒ tiredness, weariness, exhaustion］ ～を疲れ果てさせる［≒ exhaust, tire out ～］
□ **organize** 　□ **coordinate**	動 を準備する、を計画する、を組織する 動 を組織する［≒ organize］、を調整する、を調和させる［≒ match］
□ **pass ～ on** 　□ **transmit**	～を伝える［≒ transmit］、（もの・情報など）を渡す 動 を伝える［≒ convey］、を送る［≒ transfer］、を放送する［≒ broadcast］

② 見ながらリピート ＞＞＞＞＞＞＞＞＞ 03-5

英文を見ながら、先生のあとに英語を言ってみよう。

> Excuse me.
> Excuse me.

③ 見ないでリピート ＞＞＞＞＞＞＞＞＞ 03-6

英文を見ずに、先生のあとに英語を言ってみよう。

> Excuse me.
> Excuse me.

④ しあげのシャドーイング ＞＞＞ 03-7

英文を見ずに、先生の声の直後を追いかけて英語を言ってみよう。

> Excuse me. I want to...
> Excuse me. I want to...

To complete each item, choose the best word or phrase from among the four choices.

(1)   **A :**   Did you understand Professor Smith's lecture this morning?

    B :   No, I was lost after the first ten minutes. He should give us more time to (   ) each topic he discusses before he moves on to the next one.

      1 delete   **2** refine   **3** absorb   **4** mingle

(2)   **A :**   I made a terrible (   ) this morning. I called the boss by the wrong name.

    B :   Don't worry. Everyone makes mistakes like that when they start a new job. You'll learn everybody's names soon.

      1 tribute   **2** dispatch   **3** blunder   **4** encore

(3)   **A :**   Jill, could you help me with my math homework? You're so clever that you're sure to find it easy.

    B :   There's no need to (   ) me, Joe. I'll help you, but we both know that I'm not as clever as all that.

      1 flatter   **2** revolt   **3** hassle   **4** battle

(4)   **A :**   Hey, Mike. How's life? Are you still surfing every day?

    B :   No, no, I had to give that up. I'm now (   ) studying every day for my university entrance exam. I'm determined to pass this time.

      1 unwittingly   **2** sparsely   **3** manually   **4** diligently

(5)   **A :**   Hurry up, Emma. Our train for Scotland leaves in half an hour. I'll call a taxi.

    B :   Don't bother. We'll never (   ) in time now, anyway. Let's just take the bus and catch a later train.

      1 mark down   **2** run across   **3** drop out   **4** make it

(6)   **A :**   Oh, there you are, Jimmy. Did you enjoy your tour of the old castle?

    B :   Yeah, it was great. I really enjoyed seeing the underground prison (   ). That was where they used to keep all the criminals.

      1 cell   **2** diagnosis   **3** archive   **4** privilege

解答・解説

(1) 解答 **3**

A「今朝のスミス教授の講義、理解できた？」

B「いいえ、最初の10分でわからなくなったわ。教授は次に移る前に、論じている各テーマを <u>理解する</u> 時間を私たちにもっとくれるべきよね」

解説 Aの「理解できたか」という質問に対し、BはNoと答えている。空所はtime「時間」にかかる形容詞用法の不定詞で、each topic he discusses「論じている各テーマ」を absorb「吸収する、理解する」が適切。接頭辞ab-は「分離」、de-は「取り消し」、re-は「再び」の意味がある。delete「～を削除する」、refine「～を洗練する」、mingle「～を混ぜる」

(2) 解答 **3**

A「今朝ひどい <u>大失敗</u> をしてしまったわ。ボスをまちがった名前で呼んじゃったの」

B「気にするな。新しい仕事を始めたときには誰でもそんなミスをするさ。すぐにみんなの名前を覚えるよ」

解説 Bの発言にあるmistakeがヒントになる。上司の名前をまちがえたのだから、blunder「大失敗」である。tribute「賛辞」、dispatch「手早い処置」、encore「アンコール」

(3) 解答 **1**

A「ジル、数学の宿題を手伝ってくれる？ きみはすごく頭がいいから、きっと簡単だと思う」

B「私に <u>お世辞を言う</u> 必要はないわ、ジョー。手伝ってあげるけど、お互い知っているとおり、私はそんなに頭がよくないわよ」

解説 AはBをとても褒めているので、flatter「お世辞を言う」必要はない、とするのが自然。revolt「反乱を起こす」、hassle「～を悩ませる」、battle「～と戦う」

(4) 解答 **4**

A「ねえ、マイク。調子はどう？ まだ毎日サーフィンしてるの？」

B「いや、いや、それはもうあきらめざるをえなかった。今は大学入試のために毎日 <u>熱心に</u> 勉強しているよ。今回は合格すると決めたんだ」

解説 毎日勉強している様子を形容するのは diligently「勤勉に」がふさわしい。unwittingly「知らずに」、sparsely「まばらに」、manually「手動で」

(5) 解答 **4**

A「急いで、エマ。ぼくたちのスコットランド行きの列車が30分後に出るよ。タクシーを呼ぼう」

B「わざわざいいわよ。どっちにしても、もう <u>間に合わない</u> もの。バスで行って、あとの列車に乗りましょうよ」

解説 空所のあとのin timeは「時間内に、間に合って」。空所の前にはWe'll neverとあるので、make itを入れると「ぜったいに間に合わない」となり、意味が通じる。mark down ～「～を値下げする」、run across ～「～に偶然出会う」、drop out「脱落する」

(6) 解答 **1**

A「ああ、こんなところにいたの、ジミー。古城のツアーは楽しかった？」

B「ああ、すばらしかったよ。地下の <u>独房</u> を見学したのがほんとうに楽しかった。かつては犯罪者全員を収容していたところだ」

解説 Bが最後に述べている「犯罪者を収容していた場所」から、cell「（独）房」が適切。diagnosis「診断」、archive「文書館」、privilege「特権」

そんな余裕ある?

夫が妻を旅行に誘いますが、妻はお金のことが気になっています。

つきっきり英文解説

 04-1
～04-3

モデル音声と解説を聞いて、英文の内容を確認しよう。
大事なところはメモを取ろう。

A: Emily, how about taking a vacation in August?
B: That would be nice, but do you think we can **afford** it? We had some **unexpected expenses** this month, like that car repair.
A: Well, we can **make up for** it by **cutting back on expenses** for the next few months.
B: How?
A: For one thing, we can **cut down on** eating out. Also, instead of going to the movie theater, we can just watch movies at home. These savings can **add up to** a lot.
B: Hmm, I **suppose** you're right.

英文の訳

A:エミリー、8月に旅行に行くのはどう?
B:それはすてきだけど、そんな余裕あると思う?
　今月は車の修理とか、予定していなかった出費も
　あったし。
A:まあ、これから何か月か出費を減らすことで埋め
　合わせをすればいいよ。
B:どうやって?
A:1つは外食を減らせるよ。あと、映画館に行く代
　わりに家で映画を見ればいい。こういう節約も積
　もれば大きくなるよ。
B:うーん、あなたの言うとおりかもね。

文法と表現

That would be nice. 〈would の使い方〉
would を使うことで、「それは（もし実現したら）す
てきですね。」という仮定法の意味合いを表す。That
would be nice. は、相手の申し出に対して「（もしそ
うしてもらえると）ありがたいです。」と応じるとき
にもよく使われる。

次はトレーニング!

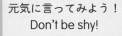

合格直行！
Nobu's トレーニング

元気に言ってみよう！
Don't be shy!

 単語・表現チェック >>>>>>> ▶ 04-4

英検によくでるものを集めました。先生のあとに英語を繰り返そう。

☐ **afford**	動 の［を持つ、〜する］余裕がある
☐ **unexpected**	形 思いがけない［≒ unanticipated, unpredicted］
☐ **expense**	名 出費、費用、（必要）経費［≒ cost］
☐ **expenditure**	名 支出（額）、経費［≒ expenses, cost］
☐ **make up for 〜**	〜の埋め合わせをする［≒ compensate for］
☐ **compensate for 〜**	〜の埋め合わせをする
☐ **offset**	動 を埋め合わせる［≒ compensate for］、を相殺する
☐ **compensation**	名 補償金、報酬、償い［≒ recompense］
☐ **cut back (on) 〜**	〜を削減［縮小］する［≒ cut down (on) 〜, reduce, decrease］
☐ **lessen**	動 を減らす［≒ decrease, reduce, diminish］
☐ **cut down (on) 〜**	〜を減らす［≒ cut back (on) 〜, reduce, decrease］
☐ **add up to 〜**	結局〜ということになる、（合計が）〜になる
☐ **suppose**	動 と思う
☐ **reckon**	動 と思う、を（〜と）見なす［≒ consider, regard］、を計算する［≒ calculate, compute, count］

 見ながらリピート >>>>>>>>> ▶ 04-5

英文を見ながら、先生のあとに英語を言ってみよう。

 見ないでリピート >>>>>>>>> ▶ 04-6

英文を見ずに、先生のあとに英語を言ってみよう。

 しあげのシャドーイング >>> ▶ 04-7

英文を見ずに、先生の声の直後を追いかけて英語を言ってみよう。

5 家族との会話❷

昇進、断ろうかな

妻は自分が受けた昇進について、夫に相談します。

つきっきり英文解説 05-1 ～05-3

モデル音声と解説を聞いて、英文の内容を確認しよう。
大事なところはメモを取ろう。

A: Honey, I told you yesterday that I was offered a **promotion**. After giving it some **consideration**, though, I think I'm going to **decline** it.

B: What? I don't get it. It sounds like a wonderful offer.

A: It is. But it would **require** me to travel a lot, not just **domestically** but also overseas. I'm worried that that will be a **burden** on you and the kids.

B: Oh, we'll be fine. Besides, I would hate for you to make such a **sacrifice on our behalf**. You should take the job.

英文の訳

A：あなた、私、昇進を提案されたってきのう言った じゃない。でも考えた結果、断ろうと思うの。

B：えっ？　よくわからないな。すばらしい提案のよ うだけど。

A：それはそうよ。でも国内だけじゃなく海外も含め て、たくさんの出張が要求されるわ。それがあな たと子どもたちに負担になるのが心配なの。

B：ああ、ぼくたちは大丈夫だよ。それに、ぼくたち のために、きみがそんな犠牲を払うのはいやだよ。 任務を受けたほうがいいよ。

文法と表現

I would hate for you to ～.
〈hate for ＋人＋ to do〉

〈hate for ＋人＋ to do〉は「（人）が～するのをいや だと思う」「（人）に～してほしくない」という意味。 for を入れずに〈hate ＋人＋ to do〉と表すこともあ る。

次はトレーニング！

合格直行！
Nobu's トレーニング

一緒に声に出して
マスターしよう！

① 単語・表現チェック ＞＞＞＞＞＞ ▶ 05-4

英検によくでるものを集めました。先生のあとに英語を繰り返そう。

□ **promotion**	名 昇進、促進
□ **consideration**	名 考慮、熟慮
□ **consider**	動 をみなす〈as ～と〉、をよく考える
□ **considerate**	形 思いやりのある［≒ thoughtful］
□ **considerable**	形 かなりの［≒ substantial, significant, respectable］
□ **decline**	動 を丁重に断る［≒ turn down ～］、減少する［≒ decrease］
□ **require**	動 を要求する、を必要とする
□ **requirement**	名 必要条件［≒ prerequisite］、（通例 ～s）必需品［≒ necessity］
□ **domestically**	副 国内に
□ **domestic**	形 国内の［≒ internal］、家庭の［≒ household］
□ **burden**	名 負担
□ **sacrifice**	名 犠牲［≒ cost, price］
□ **on *my* behalf**	（人）に代わって
□ **on behalf of ～**	（人）に代わって、（人）を代表して

☑

② 見ながらリピート ＞＞＞＞＞＞＞＞ ▶ 05-5

英文を見ながら、先生のあとに英語を言ってみよう。

☑

③ 見ないでリピート ＞＞＞＞＞＞＞＞ ▶ 05-6

英文を見ずに、先生のあとに英語を言ってみよう。

☑

④ しあげのシャドーイング ＞＞＞ ▶ 05-7

英文を見ずに、先生の声の直後を追いかけて英語を言ってみよう。

☑

6 家族との会話❸

今の家、よかったよね

新しい家をさがしている夫婦が、内見に行った感想を話しています。

つきっきり英文解説 06-1 〜06-3

モデル音声と解説を聞いて、英文の内容を確認しよう。
大事なところはメモを取ろう。

A: The house we just saw was really nice, wasn't it?

B: Yes, I was very **impressed**. It could be the home we've been looking for.

A: I loved the **spacious** living room. And the second-floor bedroom was beautifully **renovated**.

B: Yes. It's **definitely** the best house we've seen **so far**. The price is **reasonable**, too.

A: I guess the only **drawback** is the location. There aren't many stores within walking distance.

B: That's true. But it's not a **big deal**. We can always drive.

英文の訳

A：今見た家、ほんとうにすてきじゃなかった？

B：うん、すごくいいと思った。まさにぼくたちがさがしている家かも。

A：広々としたリビングルームが気に入ったわ。あと、2階の寝室もきれいにリフォームされていたわね。

B：うん。これまでに見てきた家の中ではまちがいなく最高の家だよ。価格も手ごろだし。

A：唯一の欠点は立地かしら。歩いて行ける距離にはあまりお店がないわ。

B：それはそうだね。でもそれはたいしたことじゃないよ。いつでも車で行けるし。

文法と表現

the best house we've seen so far
〈最上級＋現在完了形〉

「今まで（経験した中）でいちばん〜」は、最上級と現在完了形を使って表す。

▶ This is the best movie that I've ever seen.
（これは私が今までに見た中で最高の映画です。）

次はトレーニング！

Nobu's トレーニング

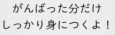
がんばった分だけ
しっかり身につくよ！

 単語・表現チェック >>>>>>> 06-4

英検によくでるものを集めました。先生のあとに英語を繰り返そう。

☐ **impress**	動 に（よい）印象を与える、を感心させる〈with, by ～で〉
☐ **impressive**	形 印象的な [≒ imposing, striking]
☐ **spacious**	形 広々とした [≒ roomy, capacious]
☐ **renovate**	動 を改修する、を修復する
☐ **renovation**	名 改修、修復 [≒ repair, restoration]
☐ **so far**	これまでは
☐ **reasonable**	形 （値段が）手ごろな、筋の通った、分別のある [≒ rational]
☐ **decent**	形 一応満足のいく [≒ satisfactory, reasonable]、 適切な、きちんとした [≒ proper, suitable]
☐ **drawback**	名 欠点、不利な点 [≒ disadvantage]
☐ **flaw**	名 欠点 [≒ fault, defect, shortcoming]、傷、ひび [≒ crack]
☐ **shortcoming**	名 （通例 ～s）短所、欠点 [≒ defect, fault, flaw, imperfection]
☐ **defect**	名 欠陥、欠点 [≒ imperfection, fault, flaw, shortcoming]
☐ **big deal**	重要なこと

 見ながらリピート >>>>>>>>> 06-5

英文を見ながら、先生のあとに英語を言ってみよう。

Excuse me.
Excuse me.

 見ないでリピート >>>>>>>>> 06-6

英文を見ずに、先生のあとに英語を言ってみよう。

Excuse me.
Excuse me.

 しあげのシャドーイング >>> 06-7

英文を見ずに、先生の声の直後を追いかけて英語を言ってみよう。

Excuse me. I want to...
Excuse me. I want to...

7 家族との会話❹

新しい生活はどう?

ニューヨークでひとり暮らしを始めた娘が、夏休みに家に帰ってきました。

つきっきり英文解説

 07-1 〜07-3

モデル音声と解説を聞いて、英文の内容を確認しよう。
大事なところはメモを取ろう。

A: How's city life in New York, Amy?

B: Pretty good, Dad. At first, it was tough **adapting** to the **hectic** pace there. But now I'm enjoying it.

A: Good. And how're your university studies going?

B: Well, as you know, I got the **scholarship** which I'd **applied for**. But I'm actually facing a **dilemma**. My **major** is **psychology**, but now I'm not sure if this is what I want to do.

A: I see. Well, there's no need to be **hasty**. **Stick with** it for a year. If it still doesn't feel right, then you can **consider** changing your **major**.

英文の訳

A：ニューヨークでの都会生活はどうだい、エイミー?

B：なかなかいいわよ、パパ。最初は、あっちのやたらと忙しいペースに慣れるのが大変だったけど。でも今は楽しんでるわ。

A：よかった。で、大学の勉強はどう?

B：そうね、パパも知ってるとおり、申請していた奨学金をもらったの。でも実はジレンマに直面していて。私の専攻は心理学なんだけど、今、これが自分のやりたいことなのかどうかわからなくなってきちゃって。

A：なるほど。まあ、あせる必要はないよ。1年間は粘ってみなさい。それでもまだしっくりこないようなら、専攻を変えることを考えればいいよ。

文法と表現

I got the scholarship which I'd applied for.
〈過去完了形〉

この I'd は I had の短縮形。過去形で表した I got the scholarship の時点よりもさらに前に「申請していた」ことを表すために、〈had ＋過去分詞〉の過去完了形が使われている。

次はトレーニング!

合格直行！
Nobu's トレーニング

元気に言ってみよう！
Don't be shy!

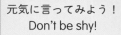

① 単語・表現チェック >>>>>> ▶ 07-4

英検によくでるものを集めました。先生のあとに英語を繰り返そう。

□ adapt	動 順応する、を適合 [適応] させる
□ adjust	動 順応する〈to〉、を調節する [≒ regulate]
□ hectic	形 やたらに忙しい
□ scholarship	名 奨学金 [≒ grant, award]、学識 [≒ learning, knowledge]
□ apply for ～	～に申し込む
□ applicant	名 応募者、志願者 [≒ candidate]
□ applicable	形 適用 [応用] できる、妥当な [≒ appropriate, suitable]
□ dilemma	名 ジレンマ、板ばさみ（状態）[≒ quandary]
□ major	名 専攻
□ psychology	名 心理学
□ psychiatry	名 精神医学
□ hasty	形 急ぎの [≒ quick]、早まった [≒ rash]
□ premature	形 （判断などが）早まった [≒ rash]、早すぎる [≒ untimely]
□ stick with ～	～を続けてする [≒ continue]、～を最後までやり抜く
□ stick to ～	～をやり続ける [≒ continue]、（主義・主張など）を堅持する [≒ adhere to ～]

② 見ながらリピート >>>>>>>>> ▶ 07-5

英文を見ながら、先生のあとに英語を言ってみよう。

Excuse me.

Excuse me.

③ 見ないでリピート >>>>>>>>> ▶ 07-6

英文を見ずに、先生のあとに英語を言ってみよう。

Excuse me.

Excuse me.

④ しあげのシャドーイング >>> ▶ 07-7

英文を見ずに、先生の声の直後を追いかけて英語を言ってみよう。

Excuse me. I want to...

Excuse me. I want to...

Dialogues: 1 question each / Multiple-choice

E01

No. 1
1 They should get the computer repaired.
2 It is time they bought a new computer.
3 They should recycle the old computer.
4 It will be too expensive to fix the computer.

No. 2
1 His wife should help Billy study math.
2 A tutor would be a waste of money.
3 Math is not an important subject.
4 Billy spends too much time studying.

No. 3
1 She is trying to make some new connections.
2 She wishes that she were still a student.
3 She is not that friendly with Professor Smith.
4 She feels uncomfortable meeting the professor about work.

No. 4
1 Dave is too old to take part in a race.
2 Dave has no chance of coming in first.
3 Dave should take some time off work.
4 Dave is training too hard for the marathon.

No. 5
1 Wear warmer clothes during the day.
2 Use only one room in the evenings.
3 Stop heating the house in the spring.
4 Wait until the wife's salary goes up.

No. 6
1 He spoils Jackie too much.
2 He is a good father to his children.
3 He is too strict with his daughter.
4 He should go out and enjoy himself.

解答・解説

No. 1　解答　1

☆：Oh, no! The computer has shut down again. I've lost everything I've been writing.

★：You'd better have it looked at. That's the third time that has happened.

☆：I guess so, but they charge so much for repairing it. Perhaps it would be better just to buy a new one.

★：I know what you mean, but I don't like throwing things away unless we absolutely have to. Too many people do that.

☆：OK, I'll go to the store later this afternoon.

★：I'll go with you. We can decide what to do when we're there.

Question: What does the man imply?

☆：わあ、困った！　コンピューターがまたダウンしちゃった。書いていたものが全部なくなっちゃったわ。

★：調べてもらったほうがいいよ。そうなったのは3度目だよね。

☆：そう思うわ、でも修理にはすごくお金がかかるのよ。もしかすると新しいのを買ったほうがいいかもしれない。

★：わかるけど、完全に捨てるしかないのでなければ、物を捨てたくはないな。物を捨てる人が多すぎるよ。

☆：わかった、きょう午後遅くに店に行くことにする。

★：ぼくも一緒に行くよ。どうすればいいか、そこで決められるから。

質問：男性は暗に何を言っているか。

1 コンピューターを修理してもらうべきだ。　**2** 新しいコンピューターを買う時だ。
3 古いコンピューターをリサイクルすべきだ。　**4** コンピューターの修理にはお金がかかりすぎる。

解説　男性が修理をすすめたが、女性は修理はお金がかかるので、Perhaps it would be better just to buy a new one. と新しいものを買うことを提案している。男性はこれに対し、物を捨てすぎる風潮には反対だと言っていることから、**1** が正解。

No. 2　解答　2

☆：Honey, I'm worried about Billy's grades.

★：Really? They don't seem too bad to me.

☆：But look at his score on the math test. He only just passed. I think we should get him a tutor.

★：Is that really necessary? They don't come cheap.

☆：This is Billy's future we're talking about. We can find the money.

★：But maybe he's just not that good at math. He can't be good at everything, you know.

Question: What does the man think?

☆：あなた、ビリーの成績が心配だわ。

★：ほんとうかい？　そんなにひどいとも思わないが。

☆：だけど、数学のテストの点を見て。かろうじて受かっただけよ。家庭教師をつけるべきだと思うわ。

★：ほんとうに必要かな？　安くないよ。

☆：ビリーの将来について話しているのよ。お金はどうにかなるわ。

★：だが、彼は数学がそんなに得意じゃないだけかもしれない。何でもできるというわけにはいかないよ。

質問：男性はどう思っているか。

1 ビリーの数学の勉強を妻が手伝うべきだ。　**2** 家庭教師はお金の無駄だ。
3 数学は重要な科目ではない。　**4** ビリーは勉強に時間をかけすぎている。

解説　息子に家庭教師をつけるべきだという妻の意見に対し、男性は Is that really necessary? と疑問を挟んでいる。さらに They don't come cheap. とお金のことにも言及しているので、**2** の「家庭教師はお金の無駄だ」と思っていると考えられる。

No. 3　解答　4

★：Oh, hi, Jane. What are you doing here? I thought you graduated last semester.

☆：I did. I'm here to see Professor Smith. He was my seminar teacher.

★：Oh, I hope you can find him. He's been pretty busy since he was made Vice-Dean.

☆：Don't worry. I called and made an appointment. I'm hoping the university will buy some equipment from my company.

★：Oh, I see. You're using your connections to help the company.

☆：Yes. I don't really like it, but my boss insisted. That's how business works.

★：Well, good luck. I've got to get to class.

☆：OK. Enjoy the rest of your student life.

Question: What do we learn about the young woman?

★：ああ、やあ、ジェーン。ここで何をしているの？　この前の学期で卒業したはずだよね。

☆：卒業したわ。スミス教授に会いにきたのよ。彼がセミナーの先生だったの。

★：そうか、見つかるといいね。彼は副学部長になってから、すごく忙しくしているよ。

☆：ご心配なく。電話してアポをとったから。大学がうちの会社から機材を購入してくれないかと思ってるの。

★：なるほど。会社のためにコネを使うわけだ。

☆：そう。あまりやりたくはないけど、上司がどうしてもって言うの。ビジネスってそういうものね。

★：そうか、幸運を祈る。ぼくは授業に行かなきゃ。

☆：わかったわ。学生生活の残りを楽しんで。

質問：若い女性についてわかることは何か。

1 新しいコネを作ろうとしている。　　**2** まだ学生だったらよかったと思っている。

3 スミス教授とはそれほど親しくない。　**4** 仕事で教授に会うことに気まずさを感じている。

解説 女性は会社のためにコネを使うことを I don't really like it, but my boss insisted. と言っている。したがって、**4** が正解。教授はセミナーの先生だったことから、コネはすでにあるので、**1** は除外できる。

No. 4　解答　4

☆：Dave, you look exhausted. Are you feeling alright?

★：Oh, hi, Mary. Yes, I'm fine. It's just that I got up very early this morning.

☆：But I saw you asleep at your desk yesterday. What's going on?

★：Well, I'm training for the marathon next month, and I have to get up really early to get my running in before coming to work.

☆：It's good to take part in the marathon, but you really shouldn't overdo it.

★：I guess you're right. I'm just not as young as I was.

☆：You don't have to win the race, you know. And you shouldn't let it affect your work.

★：I know. You're right. I'll cut down on the training and try and get some more sleep.

Question: What does the woman imply?

☆：デイヴ、疲れているみたいね。大丈夫？

★：ああ、やあ、メアリー。大丈夫だよ。今朝すごく早起きしただけだよ。

☆：でも、きのうあなたがデスクで眠っているのを見たわよ。どうなってるの？

★：いや、来月のマラソンのためにトレーニング中でね、仕事に来る前にランニングをするためにすごく早く起きなきゃならないんだ。

☆：マラソンに参加するのはいいけど、やりすぎないほうがいいわよ。

★：きみの言うとおりだろうな。昔ほど若くないってわけだ。

☆：ねえ、レースに勝つ必要はないのよ。それに仕事に響かせちゃだめよ。

★：わかってる。そのとおりだ。トレーニングを減らしてもっと睡眠をとることにしよう。

質問：女性は暗に何を言っているか。

1 デイヴはレースに参加するには年をとりすぎている。

2 デイヴが1位になるチャンスはない。

3 デイヴは仕事を少し休むべきだ。

4 デイヴはマラソンのためにトレーニングをしすぎている。

解説 女性は男性のトレーニングについて you really shouldn't overdo it、you shouldn't let it affect your work と言っている。よって、**4** が正解。

No. 5　解答　2

★：Honey, look at this electricity bill. It's so high! We're going to have to cut down on the amount of electricity we use.
☆：I know. The main problem is heating this house. It's nice to have such spacious rooms, but the drawback is that they cost so much to heat.
★：What we should do is stop heating the bedrooms. If we all stay in this room in the evenings, we can save a lot.
☆：I'll tell the kids, but I warn you they won't like it.
★：They'll just have to adapt. And we'll all need to dress more warmly when we go to bed.
☆：Well, I look forward to the spring and some warmer weather.
★：And if I'm lucky, I'll get a promotion next year, and we won't need to worry about money so much.

Question: What do the couple probably decide to do?

★：ねえ、この電気料金の請求書を見てごらん。すごく高いよ！　使う電気の量を減らさないといけないね。
☆：そうなのよ。おもな問題はこの家の暖房ね。広々とした部屋があるのはいいけど、あたためるのにすごく費用がかかるのが難点だわ。
★：ぼくたちがすべきことは寝室の暖房をやめることだね。夜はこの部屋に全員でいることにすれば、かなり節約できるよ。
☆：子どもたちには話すけど、あの子たちぜったい気に入らないわよ。
★：彼らも慣れないとね。それにぼくたちみんな寝るときはもっとあたたかい服装にするんだ。
☆：まあ、春になって気候があたたかくなるのを楽しみに待つことにするわ。
★：それに運がよければ来年は昇進するだろうから、そんなにお金を気にする必要もなくなるさ。

質問：夫婦はおそらくどうすることに決めるか。

1 日中はもっとあたたかい服を着る。　　**2** 夜は一部屋だけを使う。
3 春には家の暖房を使うのをやめる。　　**4** 妻の給料が上がるのを待つ。

解説　男性は2回目の発言で、What we should do is「ぼくたちがすべきこと」として、寝室をあたためるのをやめることを提案し、we all stay in this room「この部屋に全員でいる」と言っている。この内容に一致する**2**が正解。

No. 6　解答　3

★：Hey, Carol. How's the family?
☆：Not so good, I'm afraid. My husband had a big fight with my daughter last night.
★：What was it about?
☆：The usual. Jackie, my daughter, didn't get home till midnight on Saturday.
★：But she's at college now, isn't she? I mean she's 18. He can't control her forever.
☆：That's what I say, but he doesn't see it like that. He wants to protect her.
★：Well, he's got to let go sometime.
☆：I agree, but he cares too much about her to do it.

Question: What do they think about the woman's husband?

★：やあ、キャロル。ご家族は元気？
☆：残念ながらそうでもないわ。昨晩、夫が娘と大げんかしちゃって。
★：なんでけんかしたの？
☆：いつものこと。娘のジャッキーが土曜日、真夜中まで帰ってこなかったの。
★：でも彼女はもう大学生だろう？　つまり18歳だよね。娘を永久に支配することはできないよ。
☆：私もそう言うんだけど、彼はそうは思わないの。娘を守りたいのよ。
★：まあ、彼もいつかあきらめないといけないな。
☆：そうね、でも娘を心配しすぎて、あきらめられないの。

質問：女性の夫について彼らはどう思っているか。

1 ジャッキーを甘やかしすぎている。　　**2** 子どもたちにはよい父親だ。
3 娘に厳しすぎる。　　**4** 外出して楽しむべきだ。

解説　男性がI mean she's 18. He can't control her forever.と言うのに対し、女性もThat's what I say, と同意しているので、ふたりとも女性の夫は娘に厳しすぎるという意見だと考えられる。正解は**3**。

まとめて覚える! 単語

レッスンに登場していない重要単語です。
音声のあとに英語を繰り返しましょう。

● 感情・対人関係

M01

□ beam	動 にこやかにほほえむ[≒ smile]、光を発する[≒ shine]
□ stimulate	動 を刺激する[≒ encourage, prompt]
□ complicate	動 を複雑にする
□ resist	動 に抵抗する[≒ oppose]、に耐える[≒ withstand]
□ distract	動 (注意・心など)をそらす、を散らす[≒ divert]
□ temperament	名 気質、気性[≒ disposition, temper, nature]
□ motive	名 動機、誘因[≒ incentive, inducement]
□ fame	名 名声、高名[≒ renown]
□ bond	名 きずな、債券、契約
□ dignity	名 威厳[≒ stateliness, nobility, majesty]
□ mercy	名 慈悲[≒ charity, leniency, clemency]
□ suspicion	名 感づくこと、疑い、疑念
□ collision	名 衝突[≒ crash]、対立[≒ conflict]
□ conflict	名 衝突[≒ disagreement]、論争[≒ dispute, quarrel]
□ divorce	名 離婚、(完全な)分離
□ spite	名 悪意[≒ malice]
□ embarrassment	名 当惑、きまり悪さ[≒ awkwardness]
□ complaint	名 不平、苦情[≒ grumble]
□ discomfort	名 不快[≒ displeasure]、不便[≒ inconvenience]
□ discord	名 不一致、不和[≒ disagreement]

□ hardship	名 苦難、困窮[≒ difficulty, privation, distress]
□ threat	名 脅威、脅し
□ devoted	形 献身的な、熱中している[≒ dedicated, committed]
□ modest	形 謙虚な[≒ humble]、適度な[≒ moderate]
□ deliberate	形 意図的な、故意の[≒ intentional]、慎重な[≒ careful, cautious]
□ cautious	形 用心深い、慎重な[≒ careful, prudent]
□ aggressive	形 攻撃的な[≒ offensive]
□ awkward	形 扱いにくい、気まずい、ぶざまな
□ stern	形 (顔つきなどが)いかめしい[≒ unsmiling, serious]、厳格な[≒ strict, severe, rigid]
□ offensive	形 不快な[≒ unpleasant]、攻撃的な[≒ aggressive]
□ indifferent	形 無関心な[≒ unconcerned]、並みの[≒ mediocre]
□ cynical	形 懐疑的な[≒ skeptical]、皮肉な
□ arrogant	形 尊大な、傲慢な[≒ haughty]
□ pathetic	形 哀れを誘う[≒ pitiful]、まったく不十分な[≒ feeble]
□ profound	形 (状態・感情などが)深い[≒ deep]
□ voluntarily	副 自発的に[≒ spontaneously]
□ intentionally	副 故意に[≒ deliberately, purposely]
□ ironically	副 皮肉にも、皮肉を込めて

● 教育・産業

M02

□ **engage**	動 を従事させる[≒ occupy]、を引きつける[≒ attract]、を雇う[≒ hire]	□ **diploma**	名 (学位・資格の)証明書、卒業[修了]証書
□ **merge**	動 合併する[≒ amalgamate, consolidate]	□ **telescope**	名 望遠鏡
□ **spoil**	動 を甘やかす[≒ indulge]、をだめにする[≒ ruin]	□ **spacecraft**	名 宇宙船[≒ spaceship]
□ **subject**	名 被験者、主題、学科	□ **physics**	名 物理学
□ **returnee**	名 帰国子女、(海外からの)帰還軍人、復職者	□ **artifact**	名 人工遺物[≒ relic]、工芸品
□ **literacy**	名 読み書きの能力、(特定分野の)技能	□ **structure**	名 建造物[≒ building]、構造[≒ construction]
□ **prodigy**	名 神童、驚くべきもの	□ **patent**	名 (専売)特許、特許権
□ **upbringing**	名 (通例 an ～)(子どもの)養育、しつけ	□ **knowledgeable**	形 物知りの[≒ well-informed]、よく知っている[≒ familiar, conversant]
□ **recess**	名 休憩(時間)[≒ break]、休会[≒ adjournment]	□ **legible**	形 読みやすい[≒ readable]
		□ **illiterate**	形 読み書きのできない

● 人・職業

M03

□ **celebrity**	名 有名人、著名人[≒ personality]	□ **anthropologist**	名 人類学者
□ **coauthor**	名 共著者	□ **astronomer**	名 天文学者、天体観測者
□ **pilgrim**	名 巡礼者、旅人	□ **archaeologist**	名 考古学者
□ **successor**	名 後継者、相続人	□ **architect**	名 建築家、設計者
□ **opponent**	名 (試合・論争などの)相手、敵[≒ rival, adversary, competitor]	□ **developer**	名 宅地造成業者、開発者
□ **candidate**	名 候補者[≒ nominee]、志願者[≒ applicant]	□ **activist**	名 (政治的)活動家
		□ **diplomat**	名 外交官
□ **sufferer**	名 苦しむ人、被災者、病人	□ **practitioner**	名 (専門の)開業者、開業医、弁護士
□ **outsider**	名 部外者、門外漢	□ **pawnbroker**	名 質屋
□ **hostage**	名 人質[≒ captive]	□ **retailer**	名 小売業者[商人]

8 仕事関係の会話❶

ミーティングの資料をお願い

デザイン会社で、上司が部下に仕事を依頼しています。

つきっきり英文解説 08-1 ～08-3

モデル音声と解説を聞いて、英文の内容を確認しよう。
大事なところはメモを取ろう。

A: Greg, we have a meeting with the **CEO** of Sato **Corporation** next Thursday. I'd like you to prepare a few documents for it.

B: Certainly, Ms. Sanders. What can I do?

A: First, I need you to prepare some presentation slides that **detail** our design services. Make sure to **highlight** our strengths and include a **portfolio** of our past works.

B: OK.

A: Also, we'll likely discuss the **terms** of our **contract** with them. Could you make a simple **draft** of the **contract**?

B: No problem. I'll **get down to** it now.

英文の訳

A：グレッグ、今度の木曜日にサトウコーポレーションの CEO とミーティングがあるわね。そのための書類をいくつか用意してほしいんだけど。

B：かしこまりました、サンダーズさん。何をすればいいですか。

A：まず、わが社のデザイン業務をくわしく説明するためのプレゼンのスライドを用意してほしいの。必ず私たちの強みを強調して、過去の作品のポートフォリオを含めておいて。

B：わかりました。

A：あと、たぶん契約の条件についても話し合うことになるわ。契約書の簡単な草案を作ってもらえない？

B：わかりました。すぐにとりかかります。

文法と表現

we'll likely discuss 〈likely の使い方〉
形容詞の likely は be likely to do（～しそうだ）などの形でよく使われるが、この likely は副詞で、「たぶん」「おそらく」という意味。

次はトレーニング！

合格直行!
Nobu's トレーニング

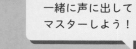
一緒に声に出して
マスターしよう!

 単語・表現チェック >>>>>>> 08-4

英検によくでるものを集めました。先生のあとに英語を繰り返そう。

□ CEO	名 最高経営責任者　★ chief executive officer の略
□ executive	名 重役、幹部［≒ director］、経営者［≒ administrator］
□ corporation	名 大企業、株式会社［≒ company］
□ firm	名 商社、会社［≒ business, company］
□ enterprise	名 企業［≒ business, company, firm, corporation］、事業［≒ undertaking, venture］
□ detail	動 を詳細に記述する
	名 詳細
□ highlight	動 を強調する、を目立たせる［≒ spotlight, underline］
□ emphasize	動 を強調する［≒ stress, underline］
□ portfolio	名 作品集、書類ばさみ
□ term	名 (契約などの) 条件、専門用語、学期
□ contract	名 契約 (書)［≒ agreement］、請負
	動 契約する、(重い病気) にかかる、に感染する　●アクセント注意 contráct
□ treaty	名 (国家間の) 条約、協定［≒ agreement, pact］
□ draft	名 下書き、草稿
□ get down to ～	～に (本気で) とりかかる

 見ながらリピート >>>>>>>>> 08-5

英文を見ながら、先生のあとに英語を言ってみよう。

Excuse me.
Excuse me.

 見ないでリピート >>>>>>>>> 08-6

英文を見ずに、先生のあとに英語を言ってみよう。

Excuse me.
Excuse me.

 しあげのシャドーイング >>> 08-7

英文を見ずに、先生の声の直後を追いかけて英語を言ってみよう。

Excuse me. I want to...
Excuse me. I want to...

9 仕事関係の会話❷

北京に異動になるの？

異動が決まった男性に、同僚の女性が話しかけます。

つきっきり英文解説

 09-1 〜09-3

モデル音声と解説を聞いて、英文の内容を確認しよう。
大事なところはメモを取ろう。

A: Dan, I heard you're being **transferred** to the Beijing office.

B: Yes, that's right. My **assignment** starts on July first.

A: How do you feel about it?

B: Well, it's not easy to **relocate**, especially when you have three kids. But I'**m grateful to** have this **opportunity**. I was **appointed regional** sales manager.

A: Wow, so your job is to **boost** sales across Asia.

B: That's right. There's an **enormous** market there. I look forward to using my **expertise** to **capture** new customers.

A: Good luck.

英文の訳

A：ダン、北京オフィスに異動になるって聞いたわ。

B：うん、そうなんだ。7月1日から配属になる。

A：どう感じてるの？

B：そうだね、転勤は簡単なことではないよ、特に3人の子どもがいるとね。でもこの機会を得られたことに感謝してる。地域の販売マネージャーに任命されたんだ。

A：わあ、じゃあアジア全域の売り上げを伸ばすのが仕事なのね。

B：そのとおり。そこには巨大な市場がある。新しい顧客を獲得するのに、ぼくの専門知識を活かすのを楽しみにしてる。

A：がんばってね。

文法と表現

you're being transferred
〈進行形の受動態〉

〈be動詞 + being + 過去分詞〉は進行形の受動態。「～されている（最中である）」という意味のほか、この文のように「（近い将来）～されることになっている」の意味で未来を表すこともある。

次はトレーニング！

合格直行！

Nobu's トレーニング

> がんばった分だけ
> しっかり身につくよ！

① 単語・表現チェック ＞＞＞＞＞＞ ▶ 09-4

英検によくでるものを集めました。先生のあとに英語を繰り返そう。

☐ **transfer**	動 異動させる、を移す〈from 〜から、to 〜へ〉、乗り換える
☐ **assignment**	名 任務 [≒ task]、宿題 [≒ homework]、割り当て [≒ allocation]
☐ **relocate**	動 転勤する、を移動 [移転] させる [≒ transfer]
☐ **be grateful to 〜**	〜に感謝している [≒ be thankful to 〜]
☐ **opportunity** ☐ **opportune**	名 機会〈for 〜の〉[≒ chance] 形 (時間が) 最適な [≒ suitable, appropriate]、時宜を得た [≒ timely]
☐ **appoint**	動 を任命する、を指名する
☐ **regional**	形 地域の、地方の、局地的な
☐ **boost**	動 を増加させる [≒ increase]、を高める [≒ raise]
☐ **enormous**	形 巨大な、ばく大な [≒ huge, vast, immense]
☐ **expertise**	名 専門的知識 [技術・意見]
☐ **capture** ☐ **seize**	動 をとらえる、を捕虜にする 動 を差し押さえる [≒ confiscate]、をつかむ [≒ hold]、を奪い取る [≒ capture]

☑

② 見ながらリピート ＞＞＞＞＞＞＞＞＞ ▶ 09-5

英文を見ながら、先生のあとに英語を言ってみよう。

> Excuse me.
> Excuse me.

☑

③ 見ないでリピート ＞＞＞＞＞＞＞＞＞ ▶ 09-6

英文を見ずに、先生のあとに英語を言ってみよう。

> Excuse me.
> Excuse me.

☑

④ しあげのシャドーイング ＞＞＞ ▶ 09-7

英文を見ずに、先生の声の直後を追いかけて英語を言ってみよう。

> Excuse me. I want to...
> Excuse me. I want to...

☑

10

また外出中?

相談したいことがあるのに、上司はきょうも席にいません。

つきっきり英文解説

 10-1 ～10-3

モデル音声と解説を聞いて、英文の内容を確認しよう。
大事なところはメモを取ろう。

A: Is Mr. Douglas out of the office again?
B: Yes, he's visiting some **potential** customers in Chicago, I believe. Some **agricultural chemical** companies are **curious** about our new product.
A: I see. I can never **get a hold of** him lately. I really need to talk with him **regarding** the new project.
B: Yeah, he's been away a lot. It looks like he's trying to **cultivate** new business relationships in that area.
A: Well, I understand that's a **vital** part of his job as manager. But there are lots of **urgent issues** that need to be **addressed** here in the office, too.
B: I totally agree.

英文の訳

A:ダグラスさんはまた外出中?
B:ええ、シカゴの潜在顧客を訪問していると思うわ。いくつかの農薬会社が私たちの新製品に興味をもってくれているの。
A:そうなんだ。最近彼と全然連絡がとれないんだよ。新しいプロジェクトのことで、どうしても彼と話をする必要があるのに。
B:ええ、彼はこのところ留守ばかりね。彼はそのエリアで新しい取引関係を開拓しようとしているみたい。
A:まあ、それは彼のマネージャーとしての仕事の必要不可欠な部分であることはわかるよ。でも、このオフィスにも、対処する必要がある緊急の課題はたくさんあるんだよね。
B:まったく同感だわ。

文法と表現

..., I believe.〈考えを言うときの表現〉
believe は信仰や信条を表すだけでなく、think と同じように「〜と思う」と言うときにもよく使われ、think よりも自信がある言い方になる。考えを言うときには、このほかに推測や推量を表す suppose や guess もよく使われる。

次はトレーニング!

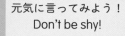
元気に言ってみよう！
Don't be shy!

 単語・表現チェック >>>>>>> 10-4

英検によくでるものを集めました。先生のあとに英語を繰り返そう。

☐ **potential**	形 潜在的な、可能性を秘めた 名（将来の）可能性
☐ **likelihood**	名 可能性、見込み［≒ probability, possibility, prospect］
☐ **capability**	名（通例 ~ties）可能性［≒ potential］、能力［≒ ability］
☐ **agricultural**	形 農業の
☐ **chemical**	名 化学薬品［物質］、薬物
☐ **curious**	形 知りたがる、好奇心の強い［≒ inquisitive］
☐ **get a hold of ~**	~に連絡をとる
☐ **regarding**	前 に関して（は）［≒ about, concerning］
☐ **regardless of ~**	~に（も）かかわらず、~に構わず［≒ irrespective of ~］
☐ **cultivate**	動 を伸ばす［≒ develop］、を栽培する［≒ grow］、を耕す［≒ farm］
☐ **vital**	形 必要不可欠な［≒ essential］、生き生きした［≒ lively］
☐ **urgent**	形 緊急の、差し迫った
☐ **imminent**	形 差し迫った［≒ immediate, impending］
☐ **issue**	名 問題点、争点、発行 動（声明など）を出す［≒ release］、を発行する
☐ **address**	動（問題など）を扱う［≒ deal with ~］、に話しかける［≒ speak to ~］

 見ながらリピート >>>>>>>>> 10-5

英文を見ながら、先生のあとに英語を言ってみよう。

Excuse me.
Excuse me.

 見ないでリピート >>>>>>>>> 10-6

英文を見ずに、先生のあとに英語を言ってみよう。

Excuse me.
Excuse me.

 しあげのシャドーイング >>> 10-7

英文を見ずに、先生の声の直後を追いかけて英語を言ってみよう。

Excuse me. I want to...
Excuse me. I want to...

To complete each item, choose the best word or phrase from among the four choices.

(1) **A :** I just heard. I've won a scholarship to study abroad next year. You should try and get one.

B : I wish I could but I can't. I'm not (   ) because I already have a scholarship from the government that pays my school fees.

1 lenient **2** eligible **3** filthy **4** voluntary

(2) **A :** Do you think Mary will really go to Europe with us this summer?

B : It's hard to say. She says she will, but it's difficult to (   ) how serious she is about it. I guess we'll just have to wait and see.

1 screen **2** paddle **3** grasp **4** linger

(3) **A :** Did you enjoy the movie?

B : Yes, it was (   ). I just couldn't stop laughing the whole time. Everyone else in the audience was laughing as well.

1 mischievous **2** lamentable **3** hilarious **4** charitable

(4) **A :** I wanted to ask a question in the meeting, but the boss looked so fierce that I felt too frightened to open my mouth.

B : Oh, don't let his expression (   ) you. He's really quite a gentle person once you get to know him.

1 originate **2** designate **3** exterminate **4** intimidate

(5) **A :** How was your stay in Vienna? I suppose everything cost a lot.

B : It was (   ) expensive, although not as much as I had expected. We were able to travel within budget.

1 relatively **2** generously **3** tenderly **4** attentively

(6) **A :** I don't know how we'll finish the sales report by tomorrow. We'll be here half the night.

B : Well, let's (   ) it as soon as possible. The sooner we start, the sooner we'll finish and be able to go home.

1 fall back on **2** go along with **3** get down to **4** stick up for

解答・解説

(1) 解答 2

A「たった今聞いたんだけど。私、来年留学できる奨学金をもらえることになったって。あなたもトライして、もらうべきよ」

B「そうしたいけどだめなんだ。ぼくはすでに学費を払ってくれる政府の奨学金を受けているから資格がないんだ」

解説 すでに奨学金を受けているので資格がないという文脈にすると意味が通じる。したがって eligible「資格のある」が入る。lenient「大目に見る」、filthy「不潔な」、voluntary「自発的な」

(2) 解答 3

A「メアリーはほんとうにこの夏私たちと一緒にヨーロッパに行くと思う?」

B「どうかな。行くと言っているが、どれだけ本気かを理解するのは難しい。まあ、様子を見るしかないだろうね」

解説 空所の後ろが「どれだけ本気か」なので、grasp「〜を理解する、〜をしっかりと握る」を入れると意味が通じる。screen「〜を隠す」、paddle「(カヌーなどを)櫂でこぐ、打つ」、linger「だらだら過ごす」

(3) 解答 3

A「映画は楽しかった?」

B「そうだね、とてもおもしろかった。ずっと笑いが止まらなかった。ほかの観客もみんな笑っていたよ」

解説 笑いが止まらなかったのだから、映画は hilarious「とてもおもしろい」とすると意味が通じる。mischievous「いたずら好きな」、lamentable「嘆かわしい」、charitable「寛大な」

(4) 解答 4

A「会議で質問したかったんだけど、上司がすごく厳しい表情をしていたので、こわくて口を開けられなかったわ」

B「ああ、彼の表情でおじけづいてはいけないよ。よく知ると、彼はすごく優しい人なんだ」

解説 顔を見てこわくなったと言っているので、「おじけづいた」と考えるのが自然。intimidate が「〜をおじけづかせる」の意味の他動詞。originate「〜を生じさせる」、designate「〜を指名する」、exterminate「〜を絶滅させる」

(5) 解答 1

A「ウィーンでの滞在はどうだった? 何もかも高価だったでしょう」

B「比較的高かったけど、思ったほどではなかった。予算内で旅行できたよ」

解説 物価について話しているので、relatively「比較的」を入れると意味が通じる。generously「気前よく」、tenderly「優しく」、attentively「注意深く」

(6) 解答 3

A「どうやってあしたまでに営業報告を仕上げたらいいかわからないわ。ここに夜中までいることになりそう」

B「まあ、できるだけ早く取りかかろう。早く始めれば、それだけ早く終わらせて家に帰れるんだから」

解説 Bの発言の後半は「早く始めればそれだけ早く終えて帰宅できる」という意味なので、「どうやったらいいかわからない」と嘆いている相手に、「さっさと始めよう」という内容になるはずである。したがって、get down to 〜「〜に本気で取りかかる」が適切。fall back on 〜「〜を当てにする」、go along with 〜「〜とつきあう」、stick up for 〜「〜を支持する」

いちばん豪華なお部屋です

ホテルのスタッフが、女性を大広間に案内しています。

つきっきり英文解説 11-1 〜11-3

モデル音声と解説を聞いて、英文の内容を確認しよう。
大事なところはメモを取ろう。

A: This is the Grand Ballroom, the biggest and most **luxurious** room in our hotel. It's perfect for holding wedding **receptions**.

B: Wow, this is **incredible**. I love the **authentic atmosphere**. How many people does this room **accommodate**?

A: It can seat up to 200 guests.

B: Good. We're expecting close to 200 people, but it shouldn't **exceed** that number.

A: Wonderful. Would you like to book the room today? You can **secure** your **preferred** date with a **deposit** of 450 dollars.

B: Well, I love the room, but I'll need to discuss it with my fiancé first.

A: Certainly. We can wait until tomorrow afternoon if you wish.

英文の訳

A：こちらがグランド・ボールルームで、当ホテルで
　もっとも大きくて豪華なお部屋でございます。結
　婚披露宴を開くのにぴったりです。

B：わあ、これはすばらしいわ。この本格的な雰囲気
　がとてもいいです。この部屋は何人くらい収容で
　きますか。

A：最大で200名様まで着席できます。

B：いいですね。200人近くを予定していますが、そ
　れを超えることはないはずです。

A：すばらしい。このお部屋を本日ご予約されます
　か？　450ドルの内金で、ご希望の日を確保でき
　ますよ。

B：うーん、この部屋は気に入っていますが、まず婚
　約者と話し合わないと。

A：かしこまりました。ご希望でしたら、あすの午後
　までお待ちすることができます。

次はトレーニング！

合格直行！
Nobu's トレーニング

一緒に声に出して
マスターしよう！

① 単語・表現チェック ＞＞＞＞＞＞ ▶ 11-4

英検によくでるものを集めました。先生のあとに英語を繰り返そう。

☐ **luxurious** ☐ **luxury**	形 豪華で快適な、ぜいたくな 名 ぜいたく（品）［≒ extravagance］
☐ **reception**	名 披露宴、歓迎会、受付
☐ **incredible**	形 驚くほどの［≒ wonderful, marvelous］、信じられない［≒ unbelievable］
☐ **authentic** ☐ **genuine**	形 本物の、真正の［≒ genuine, real, true］ 形 本物の［≒ authentic, real, true］
☐ **atmosphere**	名 雰囲気、大気（圏）
☐ **accommodate**	動 を収容できる［≒ hold］、を宿泊させる［≒ lodge］
☐ **exceed** ☐ **surpass**	動 を超える、にまさる 動 を越える、にまさる［≒ exceed, excel］
☐ **secure**	動 を確保する、守る 形 安全な［≒ safe］、確かな［≒ certain］
☐ **prefer** ☐ **preference**	動 のほうを好む〈to 〜よりも〉 名 ほかより好むこと、好み［≒ liking, fondness］
☐ **deposit**	名 内金［≒ down payment］、預金［≒ account］

② 見ながらリピート ＞＞＞＞＞＞＞＞＞ ▶ 11-5

英文を見ながら、先生のあとに英語を言ってみよう。

Excuse me.
Excuse me.

③ 見ないでリピート ＞＞＞＞＞＞＞＞＞ ▶ 11-6

英文を見ずに、先生のあとに英語を言ってみよう。

Excuse me.
Excuse me.

④ しあげのシャドーイング ＞＞＞ ▶ 11-7

英文を見ずに、先生の声の直後を追いかけて英語を言ってみよう。

Excuse me. I want to...
Excuse me. I want to...

12 スタッフとの会話❷

配達はどれくらいかかりますか

男性客が、郵便局に急ぎの荷物を持ちこみます。

つきっきり英文解説 12-1 〜12-3

モデル音声と解説を聞いて、英文の内容を確認しよう。
大事なところはメモを取ろう。

A: Hi, I'd like to send this package to Italy. How long does delivery take?

B: Is there anything **fragile** in it?

A: No.

B: Then **shipments** to Europe usually take three or four days.

A: So it'll probably be there by Thursday.

B: Most likely. But please understand that we can't **guarantee** it. It could be Friday, **depending** on the situation at the local **transportation** company in Italy.

A: I see.

B: If you'd like to **ensure** delivery by Thursday, we also have an express service for an extra 50 dollars.

A: Oh, great! Cost isn't a **concern**. I'll **opt for** the express.

英文の訳

A：こんにちは、この荷物をイタリアに送りたいのですが。配達にはどのくらい時間がかかりますか。

B：何か壊れやすいものは入っていますか。

A：いいえ。

B：では、ヨーロッパへの発送は通常3〜4日かかります。

A：ということは、たぶん木曜までには届きますね。

B：おそらく。でも保証はできませんのでご理解ください。イタリア現地の運送会社の状況次第で、金曜日になるかもしれません。

A：なるほど。

B：木曜日までに確実に配達したい場合は、50ドルの追加料金で速達サービスもご用意していますよ。

A：おお、すばらしい！ 料金は問題ではないので。速達にします。

次はトレーニング！

合格直行！
Nobu's トレーニング

がんばった分だけ
しっかり身につくよ！

 1 単語・表現チェック >>>>>> ▶ 12-4

英検によくでるものを集めました。先生のあとに英語を繰り返そう。

☐ **fragile**	形 壊れやすい ［≒ breakable, delicate, frail］
☐ **shipment**	名 出荷、積み荷 ［≒ load, freight, cargo］、船積み ［≒ shipping］
☐ **freight**	名 貨物、積み荷 ［≒ load, cargo, shipment］
☐ **guarantee**	動 を保証する ［≒ warrant］、を確約する ［≒ assure］
☐ **warrant**	動 を保証する、を正当化する ［≒ justify, legitimate］
☐ **depend**	動 次第である〈on ～〉、当てにする〈on ～を〉
☐ **dependency**	名 依存、従属 ［≒ dependence, reliance］
☐ **transportation**	名 交通 ［輸送］機関、輸送
☐ **ensure**	動 を確実にする、を保証する ［≒ guarantee, make sure, assure, secure］
☐ **concern**	名 関心事、心配
☐ **apprehension**	名 不安、懸念 ［≒ anxiety, concern, worry, fear, dread］
☐ **opt for ～**	～のほうを選ぶ ［≒ choose, select, pick (out ～)］
☐ **opt out of ～**	～に参加 ［加担］しないことにする、～から手を引く
☐ **option**	名 選択肢 ［≒ alternative］、選択（の自由）［≒ choice］

 2 見ながらリピート >>>>>>>>> ▶ 12-5

英文を見ながら、先生のあとに英語を言ってみよう。

 3 見ないでリピート >>>>>>>>> ▶ 12-6

英文を見ずに、先生のあとに英語を言ってみよう。

 4 しあげのシャドーイング >>> ▶ 12-7

英文を見ずに、先生の声の直後を追いかけて英語を言ってみよう。

13 スタッフとの会話❸

解約したいのですが

女性はソフトウェア会社のカスタマーサポートに電話をかけています。

つきっきり英文解説

13-1
〜13-3

モデル音声と解説を聞いて、英文の内容を確認しよう。
大事なところはメモを取ろう。

A: Edgewood Software. How may I help you?
B: Hi, my name is Cindy Walsh. I **currently** use your online **finance** software, but I'd like to **terminate** my **subscription** from this month.
A: OK. Let me check your account **status**. Hmm—it looks like your **subscription** was **renewed** recently.
B: Yes, that was three months ago.
A: Well, you **signed up for** the **annual** plan with **advanced** support. This means you've already paid for one-year's **worth** of **access**. So **technically**, you can cancel now, but I'm afraid we can't **refund** your payment since it's a discounted yearly plan.
B: Oh, I see.

英文の訳

A：エッジウッド・ソフトウェアです。何かご用でしょうか。
B：こんにちは、シンディ・ウォルシュと申します。現在、御社のオンライン財務ソフトを使っているのですが、今月から定額制サービスを解約したいのです。
A：わかりました。お客様のアカウントの状態を確認させてください。ああ、最近、定額制サービスを更新されたようですね。
B：はい、3か月前です。
A：ええと、お客様には上級サポート付きの年間プランにお申し込みいただいています。これは、すでに1年分相当のアクセス料金をお支払いいただいていることを意味します。ですから、厳密に言えば今すぐキャンセルすることは可能ですが、残念ながら年間割引のプランなので、お支払いを返金することはできません。
B：ああ、わかりました。

次はトレーニング！

合格直行！
Nobu's トレーニング

元気に言ってみよう！
Don't be shy!

 ① 単語・表現チェック >>>>>>> ▶ 13-4

英検によくでるものを集めました。先生のあとに英語を繰り返そう。

☐ **currently**	副 現在のところ
☐ **currency**	名 通貨 [≒ money]、普及 [≒ diffusion, circulation, popularity]
☐ **finance**	名 財務、金融、財政（学）
☐ **terminate**	動 を終結させる [≒ conclude, end, finish]
☐ **expire**	動（権利などの）期限が切れる、終了する [≒ run out, lapse, end, terminate]
☐ **exterminate**	動 を根絶［絶滅］する、を一掃する [≒ eradicate, root out 〜, uproot, wipe out 〜]
☐ **subscription**	名 定額制サービス、予約購読（料）、寄付（金）[≒ donation, contribution]
☐ **status**	名 状態、身分、地位 [≒ standing]、高い社会的地位 [≒ prestige]
☐ **renew**	動 を更新する、を再開する [≒ resume]、を復活させる [≒ revive]
☐ **annual**	形 1年間の、年1回の
☐ **advanced**	形 上級の、進歩した [≒ developed, state-of-the-art]、前進した
☐ **worth**	名 価値
☐ **access**	名 接続、連絡通路、接近 [≒ approach]
☐ **technically**	副 厳密に（言えば）、専門［技術］的に
☐ **refund**	動 を払い戻す 名 払い戻し（金）、返金 [≒ repayment, reimbursement, rebate] ●アクセント注意 réfund

 ② 見ながらリピート >>>>>>>>> ▶ 13-5

英文を見ながら、先生のあとに英語を言ってみよう。

Excuse me.
Excuse me.

 ③ 見ないでリピート >>>>>>>>> ▶ 13-6

英文を見ずに、先生のあとに英語を言ってみよう。

Excuse me.
Excuse me.

④ しあげのシャドーイング >>> ▶ 13-7

英文を見ずに、先生の声の直後を追いかけて英語を言ってみよう。

Excuse me. I want to...
Excuse me. I want to...

Dialogues: 1 question each / Multiple-choice

E02

No. 1
1. Reject the chance to go to the Beijing office.
2. Go and work in China on his own.
3. Persuade his family to go with him.
4. Apply for a position in another country.

No. 2
1. He cannot decide what kind of computer to buy.
2. He is worried about spending money on a deposit.
3. He does not have enough savings to pay for a computer.
4. He cannot afford to have his old computer fixed.

No. 3
1. The jacket is too small for her.
2. The jacket they have is the wrong color.
3. The shop cannot exchange the jacket.
4. The shop closes on Saturdays.

No. 4
1. To offer to help Fred with his work.
2. To invite Fred to meet an old friend.
3. To cancel his appointment with Fred.
4. To tell Fred about a change of plans.

No. 5
1. He has probably gotten the job.
2. He should not be so confident.
3. He could get a better job.
4. He needs to study harder.

No. 6
1. The attitude of the people.
2. The cost of restaurants.
3. The bad weather.
4. The crowded trains.

解答・解説

No. 1 解答 **1**

☆：Have you decided what to do about the offer to move to the Beijing office?

★：It's really difficult. It's a great opportunity and I'd love to go, but I have to think of my family, too.

☆：They're not enthusiastic?

★：No. My wife's career is going really well here, and my son is finally in a school he likes.

☆：But if you turn it down, that could affect your chance of a promotion in the future. And China is a very important market for us.

★：I know. I thought of going alone, but my wife won't hear of that.

☆：Oh, well, I guess you'll have more chances in the future.

Question: What will the man probably decide to do?

☆：北京オフィスへの異動のオファーについて、どうするか決めた？

★：すごく難しいんだ。すばらしいチャンスでぼくは行きたいんだけど、家族のことも考えなくちゃいけないからね。

☆：ご家族は乗り気じゃないの？

★：そう。妻のキャリアもこっちですごくうまくいっているし、息子は好きな学校にようやく入れたところなんだ。

☆：でも、もし断ったら、将来あなたの昇進の機会にも影響しかねないわよ。それに中国はうちの会社にとって非常に重要な市場だし。

★：わかってる。単身赴任を考えたけど、妻は耳を貸そうとしない。

☆：まあ、将来もっとチャンスがあるかもしれないわね。

質問：男性はおそらく何をすることに決めるか。

1 北京オフィスに異動するチャンスを断わる。　**2** 単身で中国に行って働く。

3 一緒に行くよう家族を説得する。　**4** ほかの国のポジションに応募する。

> **解説** 男性は妻のキャリア、息子の学校など家族が転勤に乗り気ではないことを述べ、単身赴任には妻が耳を貸さないと言う。これを受けた女性は、「またチャンスがあるかもしれない」と慰める。よって、男性は北京への転勤を断ると考えられるので、正解は**1**。

No. 2 解答 **3**

☆：Hello, sir. Can I help you?

★：Yes, I want to buy a new computer. My old one broke over the weekend and I need a new one straight away.

☆：Well, you've come to the right place. We have some incredible bargains at the moment.

★：I'm a little low on money at the moment. Do you provide financing?

☆：Yes. We have a 12-month financing program. You'll need to provide some documentation and pay a 10 percent deposit before signing up for it, but there should be no problem.

★：I see. Also, the sign says you offer shipping. Does that cost extra?

☆：No, we provide shipping to your home for free. We also provide a guarantee for a year on all the computers we sell. That covers repairs or replacement.

★：That sounds excellent. Let's look at some computers then.

Question: What is the man's problem?

☆：こんにちは。何かお手伝いいたしましょうか。

★：はい、新しいコンピューターがほしいんです。週末に古いのが壊れたもので、すぐに新しいものが必要なんです。

☆：それはちょうどいいところにお越しになりましたね。ちょうどすばらしいお買い得品がいくつかありますよ。

★：今ちょっとお金が足りないんですが。ローンは組めますか。

☆：ええ。12か月のローンがあります。申し込む前にいくつか書類をご用意いただいて、10％の内金をお支払いいただきますが、問題はないはずです。

★：わかりました。発送もやっていると貼り紙に書いてありますね。追加料金はかかりますか。

☆：いいえ、ご自宅までの発送は無料です。それに販売するコンピューターのすべてに1年の保証を付けています。それで修理や交換ができます。

★：それはすばらしい。それではコンピューターを見ましょう。

質問：男性の問題は何か。

1 どんなタイプのコンピューターを買えばいいか決められない。

2 内金にお金を使うことを心配している。

3 コンピューターの代金を払う十分な貯金がない。

4 古いコンピューターを修理してもらう余裕がない。

解説 男性は2回目の発言で、I'm a little low on money at the moment. と言っているので、**3**が正解。

No. 3 解答 **1**

☆：Excuse me, I want a jacket like this, but in another size.

★：I see. What size would you like?

☆：Well, this one feels a little tight and the arms seem a bit short.

★：You need the next size up. Unfortunately, we don't have any of that size in that color in stock. I could order one for you.

☆：I see. How long would that take?

★：We could get it by next Monday.

☆：That's no good. I need the jacket for a wedding on Saturday.

Question: What is the woman's problem?

☆：すみません、こういうジャケットがほしいんですが、別のサイズで。

★：わかりました。サイズはいくつがよろしいですか。

☆：そうね、これは少しきついし、袖も少し短いようだわ。

★：では1つ上のサイズが必要ですね。あいにくその色でそのサイズは在庫がないんです。注文はできますが。

☆：わかりました。どのくらいかかりますか。

★：来週の月曜日には入ります。

☆：それじゃだめだわ。土曜日の結婚式のためにジャケットが必要なの。

質問： 女性の問題は何か。

1 ジャケットが彼女には小さすぎる。　　2 店にあるジャケットは色がちがう。

3 店はジャケットを交換できない。　　4 店は土曜休みである。

解説 女性の2回目の発言 Well, this one feels a little tight and the arms seem a bit short. から、正解は**1**となる。

No. 4 解答 **4**

★：Hello, this is Jim. Is Fred in?

☆：Oh, hi, Jim. I'm sorry. Fred went out for a walk. He should be back in an hour or so. Can I take a message?

★：Yes, please. I'm meeting an old friend for dinner on Tuesday and I asked Fred to join us.

☆：I see. Did he say that he would?

★：He said that it depended on how busy he is at work. Anyway I just wanted to tell him that the venue has been changed.

☆：OK. Where will it be?

★：We'll be meeting up at Luigi's at 7:00. He knows where that is.

☆：I'll let him know.

Question: Why did Jim call?

★：もしもし、ジムだけど。フレッドはいるかい？

☆：あら、こんにちはジム。ごめんなさい。フレッドは散歩に出たの。1時間ほどで戻るはずだけど。伝言を預かりましょうか。

★：お願いできるかな。火曜日に旧友と会って食事をするんだけど、フレッドに一緒に来るように頼んだんだ。

☆：そうなんだ。フレッドは行くと言った？

★：仕事がどれだけ忙しいかによると言っていた。とにかく、場所が変更になったことだけ伝えたいんだ。

☆：わかったわ。どこになるの？

★：ルイジで7時に会うつもり。フレッドはその場所を知っている。

☆：伝えておくわ。

質問： ジムはなぜ電話をしたか。

1 フレッドに仕事の手伝いを申し出るため。　　2 旧友と会うのにフレッドを招待するため。

3 フレッドとの約束をキャンセルするため。　　4 計画の変更をフレッドに知らせるため。

解説 Anyway I just wanted to tell him that the venue has been changed. という発言から、計画していた場所の変更を知らせるために電話してきた、と考えるのが自然。したがって、**4**が正解。

No. 5　解答　2

☆：How did the job interview go, Bob?

★：Oh, it was great. I told them all about what I had been studying at college.

☆：Did they ask you about your French language ability?

★：Yes, they did. I told them I didn't know much French, but that I plan to study it from now on.

☆：But wasn't good spoken French a requirement for the position?

★：It was, but I'm sure it doesn't matter that much. I got on really well with the interviewers. They were very friendly.

☆：You can't judge by that. They were probably just trying to put you at your ease.

★：No, I'm pretty sure they'll offer me the job.

☆：Well, I wouldn't celebrate just yet.

Question: What does the woman think about Bob?

☆：仕事の面接はどうだった、ボブ？

★：ああ、よかったよ。大学で学んだことについて全部話した。

☆：あなたのフランス語の能力について聞かれた？

★：聞かれたよ。フランス語はあまりわからないけど、これから勉強するつもりだと言っておいた。

☆：でも、その仕事にはフランス語を流暢に話せる力が必要じゃなかった？

★：そうだけど、それがそんなに重要ではないと思うんだ。面接官たちとはすごくうまが合ったんだ。みんなすごく親切だったよ。

☆：それで判断しちゃだめよ。たぶん彼らはあなたを気楽にさせようとしていただけよ。

★：いや、ぜったいにその仕事をくれると思う。

☆：まあ、私だったらまだお祝いしないわ。

質問： 女性はボブについてどう思っているか。

1 彼はおそらくその仕事をもらえただろう。　　**2** 彼はそんなに自信満々でいるべきではない。

3 彼はもっとよい仕事につけるだろう。　　**4** 彼はもっと一生懸命勉強するべきだ。

解説 面接がうまくいったと言うボブに対して、女性は You can't judge by that. と言い、ボブが面接に受かったはずだと断言しても、Well, I wouldn't celebrate just yet. と懐疑的な発言をしている。よって、女性の気持ちとしては**2**が正解。

No. 6　解答　3

★：Hi, Margaret. How was the trip to Hong Kong?

☆：Hi, Alan. It was good. The food was great, as you can imagine, and the people were really kind and friendly. Public transport is really convenient there, too.

★：It sounds perfect.

☆：I wouldn't go that far. It rained heavily almost the whole time I was there. I couldn't really walk anywhere.

★：Oh, I see. I guess it's the typhoon season there now.

☆：Still, everything else was wonderful. And it wasn't as expensive as I expected.

Question: What didn't Margaret like about Hong Kong?

★：やあ、マーガレット。香港への旅はどうだった？

☆：こんにちは、アラン。よかったわ。想像できるでしょうけど食事はおいしかったし、人々はとても親切で優しかったわ。向こうの公共交通もすごく便利よ。

★：完ぺきのようだね。

☆：完ぺきとまではいかなかったわ。私がいた間ほとんどずっとすごい雨だったの。ほんとうにどこにも歩いていけなかったのよ。

★：なるほど。向こうは今、台風シーズンなんだろうね。

☆：それでも、そのほかはすべてすばらしかったわ。思ったより物価も高くなかったのよ。

質問： マーガレットが香港について気に入らなかった点は何か。

1 人々の態度。　　　**2** レストランの価格。　　**3** 悪天候。　　　　**4** 混み合った電車。

解説 女性は香港のよかった点を述べたあと、完ぺきとはいかなかったと話し、It rained heavily almost the whole time I was there. I couldn't really walk anywhere. と理由を説明している。したがって、**3**が正解。

まとめて覚える！ 単語

レッスンに登場していない重要単語です。
音声のあとに英語を繰り返しましょう。

● 議論・主張

M04

□ **indicate**	動 をさし示す[≒ point to]
□ **negotiate**	動 交渉する[≒ bargain]、を交渉して取り決める[≒ arrange]
□ **contend**	動 対処する[≒ cope]、競う[≒ compete]、ということを(強く)主張する[≒ assert]
□ **plead**	動 嘆願[懇願]する[≒ beg]、を申し立てる[≒ claim]
□ **imply**	動 を暗に示す、をほのめかす[≒ insinuate, suggest, hint]
□ **counter**	動 に反対[反論]する[≒ oppose]
□ **argument**	名 議論[≒ discussion, debate]、口論[≒ dispute, quarrel]
□ **controversy**	名 (長期の)論争、論戦
□ **consensus**	名 (意見・証言などの)一致、コンセンサス[≒ agreement]
□ **consistency**	名 首尾一貫性[≒ coherence]、(液体の)濃度

□ **perspective**	名 観点、見方[≒ viewpoint, standpoint, outlook]、遠近画法
□ **consequence**	名 結果[≒ result]、重要さ
□ **controversial**	形 論争の的となる[≒ debatable, arguable]
□ **conclusive**	形 決定的な[≒ decisive]
□ **eloquent**	形 雄弁な
□ **contrary**	形 反対の[≒ opposite]
□ **irrational**	形 不合理な[≒ absurd]
□ **nonetheless**	副 それにもかかわらず[≒ nevertheless]
□ **provided**	接 (しばしば ～ that で)もし…ならば、…という条件で[≒ if, providing (that)]

● 情報

M05

□ **archive**	動 を保管する
□ **classify**	動 を分類する[≒ categorize]、を等級分けする[≒ grade]
□ **monitor**	動 を監視する[≒ watch, observe, keep an eye on ～]
□ **administer**	動 を管理する、を経営する、を治める
□ **tip**	名 秘訣[≒ hint]、先端[≒ point]、チップ[≒ gratuity]
□ **scheme**	名 計画[≒ plan, project]、陰謀[≒ plot, conspiracy]
□ **reminder**	名 思い出させるもの、記念物[品]
□ **caption**	名 (挿絵・写真・マンガの)説明文[≒ description]、見出し[≒ title]
□ **transaction**	名 (商)取引[≒ deal]、(業務・取引などの)処理
□ **conversion**	名 転換[≒ transformation]、改造

□ **circulation**	名 発行部数、循環、流布
□ **inquiry**	名 問い合わせ[≒ question, query]、調査[≒ investigation]
□ **respondent**	名 (調査・アンケートなどの)回答者
□ **script**	名 台本、脚本[≒ screenplay, scenario]、手書き(の文字)
□ **relevant**	形 関連[関係]がある[≒ pertinent]
□ **confidential**	形 機密の、内密の[≒ private, classified]
□ **random**	形 無作為の[≒ arbitrary]
□ **fake**	形 偽の、偽造の[≒ false]
□ **outdated**	形 流行[時代]遅れの、旧式の[≒ obsolete]
□ **relatively**	副 比較的(に)、相対的に[≒ comparatively]

● 社会・法律

□ **centralize**	動（権力など）を集中させる [≒ concentrate]
□ **dominate**	動 を支配する[≒ control]、優勢である[≒ predominate]
□ **migrate**	動 移住する[≒ emigrate, immigrate]、（鳥などが）周期的に移動する
□ **enforce**	動（法律など）を施行する [≒ administer, execute, implement]、を強制する [≒ compel]
□ **legalize**	動 を合法化する[≒ legitimate]
□ **formalize**	動 を形式化する、を正式のものにする
□ **boundary**	名 境界（線）[≒ border]
□ **resident**	名 居住者[≒ inhabitant, dweller]
□ **gender**	名（社会的・文化的）性別、性
□ **ethnicity**	名 民族性、民族意識
□ **equality**	名 平等
□ **infrastructure**	名 基本的施設、インフラ、経済基盤
□ **administration**	名 管理[≒ management]、(the A〜)政府[≒ government]
□ **petition**	名 嘆願（書）、請願（書） [≒ request, appeal, plea]
□ **strategy**	名 戦略、策略[≒ maneuver]
□ **statistics**	名 統計（資料）
□ **investigation**	名（くわしい）調査 [≒ examination, inquiry, probe]
□ **poll**	名 世論調査、投票（数）、(the 〜s)投票所
□ **utility**	名（通例 〜ties）公益事業（体）、有用（性）[≒ usefulness]

□ **confederation**	名 連合、同盟[≒ alliance, association, union]
□ **metropolis**	名 主要都市、（文化・産業の）中心都市
□ **superpower**	名 超大国
□ **council**	名 評議会、会議、（州・市・町など地方自治体の）議会
□ **trial**	名 裁判、試験、試み
□ **legislation**	名 法律[≒ law]、立法 [≒ lawmaking]
□ **testimony**	名 証言、証拠[≒ evidence]
□ **detention**	名 拘置、留置[≒ custody]
□ **captivity**	名 とらわれの状態、拘留 [≒ confinement, imprisonment]
□ **invasion**	名 侵害[≒ violation]、侵入
□ **toll**	名 損失、死傷者数、使用[通行]料金
□ **congestion**	名 混雑[≒ jam]、密集
□ **theft**	名 盗み、窃盗[≒ robbery, burglary]
□ **mainstream**	形 主流の
□ **collective**	形 集団（として）の、共同の [≒ collaborative]
□ **federal**	形 連邦の、連邦政府の
□ **martial**	形 軍隊（生活）の[≒ military]、戦争の
□ **indigenous**	形 原産の、土着の[≒ native]
□ **medieval**	形 中世の、古くさい
□ **alien**	形 異質の、外国の[≒ foreign]
□ **illegal**	形 不法[違法]の、非合法の [≒ unlawful, illicit]

14 説明・提案❶

3つの機種があります

電器店の店員が、タブレットコンピューターの機種のちがいを説明しています。

つきっきり英文解説

14-1
〜14-3

モデル音声と解説を聞いて、英文の内容を確認しよう。
大事なところはメモを取ろう。

This tablet computer comes in three models. The basic White model is great if your main **purpose** is **browsing** websites and watching videos online. It comes with 64 GB of **storage**, and the battery lasts **approximately** five hours.

If you plan to store lots of videos and apps on your tablet, you'll want the higher-end Blue model. It has twice the **storage** **capacity**—128 GB. Also, battery life is **significantly** longer, at 10 hours.

Finally, if you want to watch videos in **vivid** colors, you'll love the **brilliant** high-**resolution** screen **featured** in the Black model.

英文の訳

　このタブレットコンピューターには3つの機種があります。基本的なホワイトモデルは、ウェブサイトの閲覧やオンラインの動画視聴がおもな目的であれば最適です。64GB の記憶容量があり、バッテリーは約5時間持続します。

　タブレット内に動画やアプリをたくさん保存する予定であれば、より高級なブルーモデルがよいでしょう。これは2倍、128GBの記憶容量があります。バッテリーの持続時間もかなり長くなっていて、10時間です。

　最後に、鮮やかな色で動画を見たい場合は、ブラックモデルが特徴としているすばらしい高解像度の画面がお気に召すでしょう。

文法と表現

This tablet computer comes in 〜.
It comes with 〜.
〈come の使い方〉
come は「（商品が、いくつかのタイプで）手に入る、生産される」という意味でも使われる。
▶ This dress comes in four sizes.
（このドレスは4サイズあります。）

次はトレーニング！

一緒に声に出して
マスターしよう！

合格直行！
Nobu's トレーニング

① 単語・表現チェック >>>>>>> 14-4

英検によくでるものを集めました。先生のあとに英語を繰り返そう。

☐ **purpose**	名 目的、決意
☐ **browse**	動 を閲覧する、（商品など）を見て歩く［≒ window-shop］、拾い読みする［≒ scan］
☐ **scan**	動 をざっと見る［≒ skim］、を注意深く調べる［≒ scrutinize］ 名 よく見て調べること、〔医〕スキャン
☐ **storage**	名 記憶容量［装置］、貯蔵（法）、保管、収容力
☐ **approximately**	副 おおよそ、ほぼ［≒ roughly, about, around］
☐ **capacity**	名 容量［≒ volume］、能力［≒ ability］
☐ **significantly** ☐ **significant** ☐ **significance**	副 著しく、かなり 形 重大［重要］な 名 意義［≒ meaning］、重要性［≒ importance］
☐ **vivid**	形 鮮明な［≒ bright, clear］、生き生きとした［≒ lively］
☐ **brilliant**	形 すばらしい、さんぜんと輝く、才能に溢れた
☐ **resolution**	名 解像度、決定、解決
☐ **feature**	動 を特徴とする、を呼び物にする 名 特徴、容ぼう

☑

② 見ながらリピート >>>>>>>>> 14-5

英文を見ながら、先生のあとに英語を言ってみよう。

☑

③ 見ないでリピート >>>>>>>>> 14-6

英文を見ずに、先生のあとに英語を言ってみよう。

☑

④ しあげのシャドーイング >>> 14-7

英文を見ずに、先生の声の直後を追いかけて英語を言ってみよう。

☑

15 説明・提案❷

何をしようかな

旅行先のホテルで、家族で楽しめる手軽なアクティビティーについて聞いています。

つきっきり英文解説

 15-1 〜15-3

モデル音声と解説を聞いて、英文の内容を確認しよう。
大事なところはメモを取ろう。

We offer an **array** of **attractive** activities. Our **trekking** tour is always a popular choice. The tour starts at 9 a.m., and the total **fee** will come to 120 dollars.

Kayaking in the bay is also an **enchanting** experience. You'll enjoy some **extraordinary** views of the islands. The rental **fee** for the kayak is 40 dollars, and you can go any time you like.

Finally, **depending** on your **budget**, you might **consider** taking private snorkeling lessons. At 100 dollars per person, it's more **costly** than other activities. But it'll be an **unforgettable** experience.

英文の訳

　当ホテルでは魅力的なアクティビティーを一式ご用意しております。私どものトレッキングツアーはいつも人気の商品です。ツアーは午前9時出発で、合計料金は120ドルです。

　湾内でのカヤックも魅惑の体験です。島々のすばらしい景色を楽しむことができます。カヤックのレンタル料は40ドルで、いつでもお好きなときに出発できます。

　最後に、ご予算次第ですが、シュノーケリングのプライベートレッスンをご検討いただくのもよいかと思います。おひとり100ドルで、ほかのアクティビティーよりも費用がかかります。しかし忘れられない経験になるでしょう。

文法と表現

you might consider taking 〜
〈控え目な提案の表現〉
You might consider *doing* 〜. は文字どおりには「あなたは〜することを考慮するかもしれない。」という意味だが、「〜することを考えてみてもいいかもしれませんよ。」のように、控え目な提案をするときの決まった表現として使われる。

次はトレーニング！

Nobu's トレーニング

がんばった分だけ
しっかり身につくよ！

① 単語・表現チェック >>>>>>> 📱15-4

英検によくでるものを集めました。先生のあとに英語を繰り返そう。

□ **array**	名 ずらりと並んだもの、勢ぞろい［≒ battery］、配列［≒ arrangement］
□ **attractive**	形 魅力的な［≒ appealing, charming, fascinating］
□ **trek**	動（徒歩）旅行［トレッキング］をする
□ **fee**	名 料金、（専門職への）報酬
□ **enchanting**	形 魅惑的な
□ **enchant**	動 を魅惑［魅了］する［≒ fascinate, captivate, charm］
□ **extraordinary**	形 並はずれた、異常な［≒ exceptional］
□ **remarkable**	形 注目に値する、著しい［≒ extraordinary, notable, outstanding］
□ **outstanding**	形 際立った、優れた［≒ excellent, magnificent, prominent, distinguished, superb］
□ **budget**	名 予算（案）、経費
□ **costly**	形 高価な、費用のかかる［≒ expensive, dear, high-priced］、犠牲［損失・労力］の大きな
□ **unforgettable**	形 忘れられない

② 見ながらリピート >>>>>>>> 📱15-5

英文を見ながら、先生のあとに英語を言ってみよう。

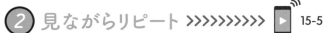

③ 見ないでリピート >>>>>>>> 📱15-6

英文を見ずに、先生のあとに英語を言ってみよう。

④ しあげのシャドーイング >>> 📱15-7

英文を見ずに、先生の声の直後を追いかけて英語を言ってみよう。

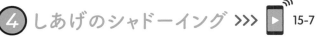

16

説明・提案❸

入学オリエンテーション

大学の初日。キャンパスツアーのあと、職員から説明を受けています。

つきっきり英文解説

 16-1 ～16-3

モデル音声と解説を聞いて、英文の内容を確認しよう。
大事なところはメモを取ろう。

If you haven't had your health **checkup** yet, please visit the Student Health Center. The **personnel** there will guide you through the **procedure**.

If you're finished with the **checkup**, you can now either go to your **dormitory** and **familiarize** yourself with your new room, or **stroll** around the campus some more and look at the **facilities**.

A welcome party will be held at Tony Hall at 5 p.m. **Participation** isn't **mandatory**, but it'll be a great chance to get **acquainted** with your new classmates, so we **urge** you to come.

英文の訳

　もしまだ健康診断をしていない場合は、学生健康センターを訪問してください。そこにいる職員が手順を案内します。

　もし健康診断を終えている場合は、寮に行って新しい部屋に慣れるか、あるいはキャンパス内をもう少し散策して施設を見学することができます。

　午後5時からトニー・ホールで歓迎パーティーが開催されます。参加は必須ではありませんが、新しいクラスメイトと知り合うすばらしい機会ですので、ぜひ来ることをおすすめします。

文法と表現

either go ～, or stroll ～
〈either A or B の使い方〉
either A or B「A か B かどちらか」の A と B には、このように動詞で始まる長いまとまりがくる場合もある。

次はトレーニング！

元気に言ってみよう！
Don't be shy!

合格直行！
Nobu's トレーニング

1 単語・表現チェック >>>>>>> 16-4

英検によくでるものを集めました。先生のあとに英語を繰り返そう。

□ checkup	名 健康診断、検査 [≒ examination, inspection]
□ personnel	名 職員、人員 [≒ staff]、人事課
□ procedure	名 手順 [≒ process]
□ dormitory	名 （大学の）寮、寄宿舎
□ familiarize	動 を慣れさせる、を習熟させる [≒ accustom, acquaint]
□ stroll	動 ぶらぶら歩く、散歩する [≒ walk, amble, wander]
□ loiter	動 ぶらつく、うろつく [≒ wander, stroll, linger, ramble, roam]
□ facility	名 施設、機能、才能
□ institution	名 施設（の建物）、機関、慣習
□ participation	名 参加
□ mandatory	形 強制的な、命令の [≒ compulsory, obligatory]
□ compulsory	形 強制された [≒ obligatory, mandatory]
□ acquaint	動 を（〜と）顔見知りにさせる〈with〉[≒ introduce]、を熟知させる [≒ familiarize]
□ urge	動 に熱心にすすめる [≒ encourage, press, push]

2 見ながらリピート >>>>>>>>> 16-5

英文を見ながら、先生のあとに英語を言ってみよう。

3 見ないでリピート >>>>>>>>> 16-6

英文を見ずに、先生のあとに英語を言ってみよう。

4 しあげのシャドーイング >>> 16-7

英文を見ずに、先生の声の直後を追いかけて英語を言ってみよう。

給料か、働き方か

転職エージェントから、転職先候補の会社について説明を受けています。

つきっきり英文解説

 17-1 〜17-3

モデル音声と解説を聞いて、英文の内容を確認しよう。
大事なところはメモを取ろう。

I have three companies that you might be interested in working for. First, TTC Software offers good pay and **generous** employee **benefits**, especially in areas like **insurance** and vacation time. From where you live, though, the **commute** will take over an hour.

Jackson **Satellite** Communications is also a highly **competitive** company offering great **compensation** —in fact, their pay is the best of the three. But you'll be expected to work long hours.

Finally, Suzuki Computers is an **up-and-coming venture**. The salary won't match the **previous** two companies. But their work hours are **flexible**, and you can work from home several days a week.

英文の訳

あなたが勤務するのにご興味がありそうな会社は3社あります。最初にTTCソフトウェアは給料が高く、特に保険や休暇などの面で福利厚生が充実しています。しかし、お住まいの場所からは、通勤に1時間以上かかります。

ジャクソン衛星通信も高い競争力のある会社で、報酬もすばらしい――実際、3社の中では最高の給料です。しかし長時間労働が求められます。

最後に、スズキ・コンピューターは将来有望なベンチャー企業です。給料は前の2社には及ばないでしょう。しかし勤務時間はフレックスで、週に何日かは在宅勤務ができます。

文法と表現

work from home〈「在宅勤務」の言い方〉
work from home は「自宅から働く→在宅勤務をする」という意味。似た言い方に work remotely「リモートワークをする」や telework「テレワークをする」がある。

次はトレーニング！

合格直行！
Nobu's トレーニング

一緒に声に出して
マスターしよう！

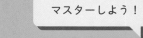

① 単語・表現チェック >>>>>>> 📱 17-4

英検によくでるものを集めました。先生のあとに英語を繰り返そう。

☐ **generous**	形 豊富な、気前のよい、寛大な
☐ **generosity**	名 気前のよさ、（通例 〜ties）寛大な行為［≒ liberality］
☐ **benefit**	名 手当、利益、恩恵、利点
☐ **beneficial**	形 有益な、有利な［≒ advantageous, favorable］
☐ **insurance**	名 保険
☐ **commute**	名 通勤［通学］
	動 通勤［通学］する、を交換する［≒ exchange］
☐ **satellite**	名 （人工）衛星
☐ **competitive**	形 競争力のある、格安の、競争の
☐ **up-and-coming**	形 将来性のある、有望な
☐ **venture**	名 ベンチャー事業、冒険的事業
☐ **previous**	形 前の、以前の
☐ **flexible**	形 融通［調整］のきく、柔軟性のある［≒ adaptable, adjustable］

② 見ながらリピート >>>>>>>>> 📱 17-5

英文を見ながら、先生のあとに英語を言ってみよう。

Excuse me.
Excuse me.

③ 見ないでリピート >>>>>>>>> 📱 17-6

英文を見ずに、先生のあとに英語を言ってみよう。

Excuse me.
Excuse me.

④ しあげのシャドーイング >>> 📱 17-7

英文を見ずに、先生の声の直後を追いかけて英語を言ってみよう。

Excuse me. I want to...
Excuse me. I want to...

To complete each item, choose the best word or phrase from among the four choices.

(1) This new cell phone is very reasonably priced. What's more, the price includes two year's (   ). If it breaks or you lose it during that time, the company guarantees to replace it for free.

    1 insurance   **2** negligence   **3** ransom   **4** conviction

(2) Like many animals, dogs have a very (   ) sense of smell. It is said that they can usually smell their owner long before he or she actually arrives at the front door.

    1 acute   **2** chronic   **3** robust   **4** hectic

(3) You can usually recognize (   ) neighborhoods by the large sizes of the houses and gardens. In less well-off areas, both houses and gardens tend to be smaller.

    1 hesitant   **2** illicit   **3** feasible   **4** affluent

(4) The (   ) spent years living in the Amazon and studying the tribe's language and culture. He used this research to explore the connection between their religious beliefs and their jungle environment.

    1 creditor   **2** anthropologist   **3** archaeologist   **4** auditor

(5) Scientists are attempting to develop new kinds of rice that can grow on previously (   ) soil. In this way, they hope to expand the amount of agricultural land available.

    1 barren   **2** clumsy   **3** abstract   **4** greedy

(6) When the men went out in their fishing boat, a fierce storm began to blow. Eventually, the waves grew so large that their boat (   ), and they were forced to swim to the shore.

    1 pacified   **2** capsized   **3** terminated   **4** degraded

(7) Many people misunderstood the President's statement concerning the scandal, so he issued a new one (   ) that he had no intention of resigning.

    1 organizing   **2** clarifying   **3** subscribing   **4** infringing

(8) In many countries today wearing a seat belt is (   ). If you are caught not wearing one by the police, you will have to pay a fine.

    1 imminent   **2** unsociable   **3** skeptical   **4** compulsory

解答・解説

(1)　解答　1

この新しい携帯電話はとても手ごろな値段だ。そのうえ、価格には2年間の保険が含まれている。その期間内に壊れたりなくしたりしたら、会社が無料で交換することを保証する。

解説 空所の内容がそのあとの文で説明されている。「壊れたりなくしたりした場合に保証する」のはinsurance「保険」である。negligence「手抜き」、ransom「身代金」、conviction「確信」

(2)　解答　1

多くの動物と同じように、イヌは非常に鋭い嗅覚をもつ。通常、飼い主が玄関に到着するずっと前に匂いを嗅ぎあてることができると言われている。

解説 感覚などを表すのにふさわしい形容詞はacute「鋭い」。chron-は「時」の意味をもつ語幹。chronic「慢性の」、robust「頑丈な」、hectic「大忙しの」

(3)　解答　4

大きな家や庭から、裕福な隣人であることがたいていわかる。さほど裕福でない地域では、家も庭も小さくなる傾向にある。

解説 第2文でless well-off areasでは「家や庭が小さくなる」とあるので、well-offの同義語をさがす。affluent「裕福な」が適切。hesitant「ためらいがちな」、illicit「違法な」、feasible「適した」

(4)　解答　2

その人類学者はアマゾンに住み、その部族の言語と文化を研究することに何年も費やした。彼は部族の宗教的思想とジャングル環境の関わりをさぐるためにこの研究を使った。

解説 人間に関してさまざまなことを研究するのはanthropologist「人類学者」である。anthrop-はmankind「人間」の意味をもつ語幹。philanthropy「博愛」などの語も一緒に覚えておきたい。creditor「債権者」、archaeologist「考古学者」、auditor「会計検査官」

(5)　解答　1

科学者たちは、もともと不毛の土壌に生育できる新種の米を開発しようとしている。こうすることにより、使える農地を拡大することを期待しているのだ。

解説 土壌の状態を表す形容詞としてはbarren「不毛の」がふさわしい。clumsy「不器用な」、abstract「抽象的な」、greedy「欲張りの」

(6)　解答　2

男たちが釣り船で出発すると、激しい暴風が吹き始めた。やがて波が非常に大きくなり、船は転覆したので、彼らは岸まで泳いで戻らなければならなかった。

解説 船が大波でどうにかなり、泳いで戻ることになったのだから、capsized「転覆した」が正解。pacified「静まった」、terminated「終わった」、degraded「身分が下がった」

(7)　解答　2

スキャンダルに関する大統領の声明を多くの人が誤解したので、彼は辞任の意思はないことを明らかにする新しい声明を出した。

解説 新しい声明は辞任の意思はないことを示すためなので、clarifying「～を明らかにしている」と判断できる。clarifyは「～をはっきりさせる」の意味。organizing「～を組織している」、subscribing「～に署名している」、infringing「～を侵害している」

(8)　解答　4

今日多くの国々においてシートベルト着用は必須である。もしつけていないところを警察に見つかったら、罰金を払わなくてはならない。

解説 第2文に「罰金を払わなくてはならない」とあるので、シートベルト着用は義務化されているという文脈。compulsory「義務的な、必須の」が適切。imminent「差し迫った」、unsociable「非社交的な」、skeptical「懐疑的な」

18 どのお部屋がよろしいですか

家族で泊まる予定のホテルから、電話で部屋のタイプについて説明を受けています。

つきっきり英文解説

 18-1
〜18-3

モデル音声と解説を聞いて、英文の内容を確認しよう。
大事なところはメモを取ろう。

The Standard **Contemporary** Room is 180 dollars a night, and fits up to two adults and one **infant**. The room faces the street.

We also have the Standard Lake View Room. This room is the same size as the **Contemporary** Room, but **overlooks** the **serene** waters of Dawson Lake. You'll love the **breathtaking** sight. And at 215 dollars, it's quite a **bargain**.

If you want more space, we have the deluxe **option**, too. This **features** the same **gorgeous** view with a larger living room and balcony. This room starts at 280 dollars.

英文の訳

　スタンダード・コンテンポラリー・ルームは1泊180ドルで、大人2名と幼児1名まで宿泊できます。お部屋は通りに面しています。

　また、スタンダード・レイク・ビュー・ルームもあります。コンテンポラリー・ルームと同じ広さのお部屋ですが、ドーソン湖の穏やかな湖水を見晴らすことができます。息をのむような景色を気に入っていただけるでしょう。しかも215ドルと、かなりお得です。

　より広いスペースをご希望でしたら、デラックス・オプションもございます。こちらはより広いリビングルームとバルコニーが付いていて、同様のすばらしい眺めを特徴としております。こちらのお部屋は280ドルからです。

文法と表現

fits up to〈fit の使い方〉
fit には「ぴったり合う」という意味のほか、「をおさめる」という意味もあり、ここでは accommodate「〈宿泊施設などが〉収容する」と同じ意味で使われている。up to 〜 は「最大〜まで」の意味。

次はトレーニング！

合格直行！ Nobu's トレーニング

がんばった分だけ
しっかり身につくよ！

① 単語・表現チェック >>>>>>> ▶ 18-4

英検によくでるものを集めました。先生のあとに英語を繰り返そう。

☐ **contemporary**	形 現代的な、現代の [≒ modern]、同時代に存在する
☐ **modern**	形 現代の、近代の
☐ **modernization**	名 近代 [現代] 化、最新式化
☐ **infant**	名 幼児、乳児 [≒ baby]
☐ **overlook**	動 の見晴らしのきく位置にある、を大目に見る [≒ tolerate]、を無視する [≒ ignore, disregard]、を見落とす [≒ miss]
☐ **serene**	形 穏やかな、平静な [≒ calm, tranquil, peaceful]
☐ **tranquil**	形 穏やかな [≒ calm, peaceful]
☐ **breathtaking**	形 息をのむような、すばらしい
☐ **spectacular**	形 壮観な、すばらしい [≒ magnificent, splendid, grand, impressive, breathtaking]
☐ **bargain**	名 買い得品 動 （売買の）交渉をする [≒ negotiate]
☐ **gorgeous**	形 すばらしい、華やかな、きらびやかな

☑

② 見ながらリピート >>>>>>>>>> ▶ 18-5

英文を見ながら、先生のあとに英語を言ってみよう。

Excuse me.
Excuse me.

☑

③ 見ないでリピート >>>>>>>>>> ▶ 18-6

英文を見ずに、先生のあとに英語を言ってみよう。

Excuse me.
Excuse me.

☑

④ しあげのシャドーイング >>> ▶ 18-7

英文を見ずに、先生の声の直後を追いかけて英語を言ってみよう。

Excuse me. I want to...
Excuse me. I want to...

☑

71

在庫はありますか?

携帯が壊れたのでお店に在庫をたずねたところ、話題の新機種は在庫切れのようです。

つきっきり英文解説

19-1
～19-3

モデル音声と解説を聞いて、英文の内容を確認しよう。
大事なところはメモを取ろう。

Unfortunately, the newest model is **temporarily** sold out. Since its **launch** last month, there has been a **massive** demand from **consumers**. The **manufacturer** has told us that **inventory** is low at their **warehouse**, and that they are **boosting** production now. We don't know when we'll actually get the next **shipment**, but my **prediction** is that it could take several weeks.

You can make a reservation with us and wait for it to arrive. **Alternatively**, if you're in a hurry to get a phone, you might want to **consider** getting their **previous** model. It's half off now.

英文の訳

残念ながら、最新機種は一時的に売り切れとなっております。先月の発売以来、お客様からの需要が大量にありまして。メーカーによると、彼らの倉庫の在庫が不足していて、現在は生産を増強しているとのことです。次回の入荷が実際いつになるかはわかりませんが、私の予想では数週間はかかるのではないかと思います。

当店で予約をして、到着をお待ちいただくことはできます。もしくは、急いで携帯を入手されたいのであれば、ひとつ前の機種の購入をご検討いただいてもよいかもしれません。今なら半額です。

文法と表現

Unfortunately, ～. / Alternatively, ～.
〈文修飾の副詞〉

unfortunately「残念ながら」や alternatively「代わりに」などの副詞は、文の前置きとして使われ、続く文全体を修飾する。次の副詞も同じように文頭によく使われる。

▶ Obviously, ～.「言うまでもなく、明らかに」
▶ Apparently, ～.「どうやら見たところでは」
▶ Possibly, ～.「もしかしたら、ひょっとすると」
▶ Hopefully, ～.「うまくいけば、願わくば」

次はトレーニング!

合格直行！
Nobu's トレーニング

元気に言ってみよう！
Don't be shy!

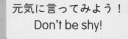

1 単語・表現チェック ▶▶▶▶▶▶▶ 19-4

英検によくでるものを集めました。先生のあとに英語を繰り返そう。

☐ **temporarily**	副 一時的に
☐ **temporary**	形 一時的な［≒ provisional, interim, transient］
☐ **launch**	名 売り出し、開始、発射
	動 を売り出す［≒ market, offer］、を開始する［≒ initiate］、を発射する
☐ **massive**	形 大量の、大規模な、巨大な
☐ **consumer**	名 消費者
☐ **consume**	動 を消費する［≒ expend］、を食う［≒ eat］
☐ **manufacturer**	名 製造業者、メーカー
☐ **manufacture**	名 製造［≒ production］、（通例 〜s）製品［≒ product］
☐ **inventory**	名 在庫品［≒ stock］、目録［≒ list］
☐ **warehouse**	名 倉庫［≒ storehouse, depot, depository］
☐ **prediction**	名 予測、予言［≒ forecast, prophecy］
☐ **premonition**	名 （悪い）予感［≒ foreboding, presentiment, hunch, feeling］
☐ **alternatively**	副 あるいは、代わりに、二者択一的に
☐ **alternative**	形 代替の［≒ substitute］、（2 つのうち）どちらか一方の
	名 選択肢、代案

☑

2 見ながらリピート ▶▶▶▶▶▶▶▶▶ 19-5

英文を見ながら、先生のあとに英語を言ってみよう。

☑

3 見ないでリピート ▶▶▶▶▶▶▶▶▶ 19-6

英文を見ずに、先生のあとに英語を言ってみよう。

☑

4 しあげのシャドーイング ▶▶▶ 19-7

英文を見ずに、先生の声の直後を追いかけて英語を言ってみよう。

☑

20 おわび申し上げます

ネットで買った家電が動きません。メーカーにメールをしたら電話で返事がきました。

つきっきり英文解説

 20-1
〜20-3

モデル音声と解説を聞いて、英文の内容を確認しよう。
大事なところはメモを取ろう。

I'm very sorry to hear that the coffeemaker you ordered from us did not work. We carefully **inspect** our products for any **defects** before shipping them out from the factory. However, sometimes **faulty** machines can slip through.

We will **promptly** provide you with a full **refund** or a **replacement**. Please let us know your **preference**. Should you choose the **replacement**, we will include a **complimentary** bag of rare coffee beans with your new machine as a **token** of our **apology**.

We have built our **reputation** on providing top service, and we hope you find our response satisfactory.

英文の訳

　私どもにご注文いただいたコーヒーメーカーが動作しなかったとのこと、大変申し訳ございません。私どもでは、工場出荷前に、商品のあらゆる不具合を入念に検査しております。しかしながら、ときどき欠陥のある機械がすり抜けてしまうことがございます。

　迅速に全額のご返金または交換品をご用意いたします。お客様のご希望をお知らせください。もし交換をご選択された場合は、おわびのしるしとして、新しいマシンと一緒に希少なコーヒー豆を無料で1袋お付けします。

　私どもは最高のサービスを提供することで評判を築いて参りましたので、私どもの対応がお客様にとってご満足のいくものであることを願っております。

文法と表現

Should you choose 〜, 〈仮定を表す Should〉
〈Should + 主語 + 動詞の原形 〜,〉は「もし〜なら」「万一〜なら」という条件を表す。Should you choose 〜 は、If you should choose 〜 の if が省略された倒置形の文。

次はトレーニング！

合格直行！
Nobu's トレーニング

一緒に声に出して
マスターしよう！

① 単語・表現チェック >>>>>>> ▶ 20-4

英検によくでるものを集めました。先生のあとに英語を繰り返そう。

☐ **inspect**	動 を検査する
☐ **scrutinize**	動 を注意深く調べる［≒ examine, inspect, survey, explore, investigate］
☐ **check through 〜**	〜をよく［くわしく］調べる［≒ investigate］
☐ **faulty**	形 欠陥のある
☐ **promptly**	副 迅速に
☐ **prompt**	形 迅速な［≒ quick, rapid, swift］
☐ **replacement**	名 交換品、交換、交代
☐ **complimentary**	形 無料の、贈呈された、敬意を表した
☐ **compliment**	名 賛辞［≒ praise, tribute］
☐ **token**	名 しるし［≒ sign］、記念品［≒ memento］
☐ **apology**	名 謝罪
☐ **gratitude**	名 感謝（の念）［≒ thankfulness, gratefulness, appreciation］
☐ **reputation**	名 評判、名声
☐ **prestige**	名 名声［≒ status, dignity, reputation］、威信

☑

② 見ながらリピート >>>>>>>>> ▶ 20-5

英文を見ながら、先生のあとに英語を言ってみよう。

Excuse me.
Excuse me.

☑

③ 見ないでリピート >>>>>>>>> ▶ 20-6

英文を見ずに、先生のあとに英語を言ってみよう。

Excuse me.
Excuse me.

☑

④ しあげのシャドーイング >>> ▶ 20-7

英文を見ずに、先生の声の直後を追いかけて英語を言ってみよう。

Excuse me. I want to...
Excuse me. I want to...

☑

75

21 電話での連絡・問い合わせ❹

入札のプレゼンの件で

上司が部下の留守番電話にメッセージを残しています。

つきっきり英文解説

 21-1 ～21-3

モデル音声と解説を聞いて、英文の内容を確認しよう。
大事なところはメモを取ろう。

Hi, Jennifer. I'm calling about our **upcoming** presentation at the **Immigration Bureau**. I'd like to **run through** our slides again together to **brush up on** any weak **spots**. Can we meet this Wednesday or Thursday? I'm available at 10 a.m. and 1 p.m. **respectively**. I don't mind meeting online if that's more convenient for you.

As you know, we're **bidding** for a big **contract** to **install** our electronic **application** system. To win the **contract**, we'll need to give a **flawless** presentation. It won't be easy, but I'm **confident** we can **pull it off**.

英文の訳

　こんにちは、ジェニファー。今度の移民局でのプレゼンの件で電話したんだけど。何か弱点があればブラッシュアップするために、もう一度、一緒にスライドに目を通したいんだ。今週の水曜か木曜に会えないかな。私はそれぞれ午前10時と午後1時が空いている。もしきみにとって都合がよければ、私はオンライン会議でも構わない。

　知ってのとおり、われわれの電子申請システムを設置する大きな契約に入札するんだ。契約を勝ちとるには、完ぺきなプレゼンが必要だ。簡単ではないだろうけど、うまくいくことには自信をもってるよ。

文法と表現

I'm available at ～.〈available の使い方〉
available は物を主語にすると「入手できる、利用できる」という意味だが、人を主語にすると「手が空いている、出席できる」という意味になる。

次はトレーニング！

合格直行！
Nobu's トレーニング

がんばった分だけ
しっかり身につくよ！

① 単語・表現チェック ＞＞＞＞＞＞＞ 21-4

英検によくでるものを集めました。先生のあとに英語を繰り返そう。

☐ **upcoming**	形 きたるべき［≒ forthcoming］、やがて起ころう［現れよう］としている
☐ **forthcoming**	形 きたるべき［≒ upcoming］、手に入る［≒ available］
☐ **immigration**	名（外国からの）移住、入国管理
☐ **immigrant**	名（外国からの）移住者、移民
☐ **bureau**	名（官庁の）局［≒ department, agency］、事務所［局］［≒ office］
☐ **run through ～**	～にざっと目を通す［読み上げる］［≒ browse through ～, scan］
☐ **brush up on ～**	～をやり直して磨きをかける
☐ **spot**	名 箇所、（特定の）場所、斑点、染み 動 を（やっと）見つける、に斑点を付ける
☐ **respectively**	副 それぞれ［≒ each］
☐ **bid**	動 入札する〈for ～に〉［≒ tender］
☐ **install**	動（装置など）を設置する、（ソフトなど）をインストールする
☐ **installment**	名 分割払いの1回分
☐ **application**	名 申請、申し込み、申請書、適用
☐ **flawless**	形 欠点のない、完ぺきな
☐ **confident**	形 確信して［≒ sure］、自信に満ちた
☐ **pull off ～**	（困難なこと）をうまくやり遂げる

② 見ながらリピート ＞＞＞＞＞＞＞＞＞ 21-5

英文を見ながら、先生のあとに英語を言ってみよう。

③ 見ないでリピート ＞＞＞＞＞＞＞＞＞ 21-6

英文を見ずに、先生のあとに英語を言ってみよう。

④ しあげのシャドーイング ＞＞＞ 21-7

英文を見ずに、先生の声の直後を追いかけて英語を言ってみよう。

To complete each item, choose the best word or phrase from among the four choices.

(1) The escaped convict managed to (   ) the police for two weeks. He was finally caught when he was recognized as he tried to leave the country by boat.

    1 attain   **2** disperse   **3** elude   **4** distort

(2) The advertisement for the job said the company was looking for someone with (   ) in accounting. Ellie did not really know much about accounting, but she decided to apply for the position anyway.

    1 expertise   **2** outcome   **3** extension   **4** ignition

(3) The lack of rain led to widespread crop failure. As a result, the country experienced a severe (   ) in which many people died of hunger.

    1 hazard   **2** fusion   **3** extinction   **4** famine

(4) The ministry said that the aim of the new curriculum was to (   ) creativity and independent thinking. For this reason, there was less emphasis on learning facts and more on problem-solving.

    1 aspire   **2** foster   **3** hamper   **4** wither

(5) When Richard was in high school, he was extremely shy and stayed at home a lot. Once he entered college, though, he became quite (   ), joining several clubs and often going to parties with his friends.

    1 outgoing   **2** considerate   **3** anonymous   **4** vulnerable

(6) Hi, this is Jim. I'm calling to say I've made a draft schedule for the president's visit next month. I would like to (   ) it with you before showing it to the boss. Let me know when you are free.

    1 run through   **2** stick by   **3** grow on   **4** burst into

(7) The clerk in the jewelry store became quite suspicious when she noticed the same man (   ) nearby for two days in a row. Eventually, she called the police and asked them to question him.

    1 grumbling   **2** hindering   **3** loitering   **4** intriguing

(8) On the last day of her holiday in Paris, Julia went shopping for a small (   ) of her visit. She thought of buying a picture, but they were all too expensive. Eventually, she bought a little model of the Eiffel Tower.

    1 anecdote   **2** memento   **3** quota   **4** utility

解答・解説

(1) 解答 **3**

逃亡した囚人は2週間警察から何とか逃れた。船で国を出ようとしたときに発見され、ようやくつかまった。

解説 空所に続く the police for two weeks と第2文の「ようやくつかまった」という文脈に合うのは elude「～から逃れる」。attain「～を獲得する」、disperse「～を散乱させる」、distort「～を曲げる」

(2) 解答 **1**

仕事の広告には、会社は会計の専門知識がある人を求めているとあった。エリーは会計についてはあまり知らないが、ともかくその職に応募することにした。

解説 会計に関する何かをもっている人材を求めているのだから、expertise「専門知識」が適切。outcome「結果」、extension「拡張」、ignition「点火」

(3) 解答 **4**

降雨不足が広範囲な穀物の不作をもたらした。その結果として、国は深刻な飢饉を経験し、大勢の人が餓死した。

解説 食料不足で人が餓死するのは famine「飢饉」である。hazard「危険、偶然」、fusion「融合」、extinction「絶滅」

(4) 解答 **2**

新しいカリキュラムの目的は創造性と自立的思考を育成することだと大臣は語った。この理由で、事実の学習は軽視され、問題解決が重視された。

解説 第2文の「問題解決が重視された」という部分がヒントになる。空所のあとの creativity and independent thinking を foster「～を育成する」が適切。aspire「～を熱望する」、hamper「～を妨げる」、wither「～を枯らす」

(5) 解答 **1**

高校生のとき、リチャードは極端に内気でよく自宅にいた。しかし大学に入学してからは、友だちといくつかのクラブに参加したりパーティーに出かけたりと、とても社交的になった。

解説 though があるので大学に入ってからは shy の反対になったと考える。outgoing「社交的な」が適切。considerate「思いやりのある」、anonymous「無名の」、vulnerable「傷つきやすい」

(6) 解答 **1**

もしもし、ジムです。来月の社長の訪問のスケジュール草案を作ったことをお知らせするために電話しました。上司に見せる前にあなたと一緒にひととおり目を通したいんです。いつ時間があるか知らせてください。

解説 スケジュール案を作ったあと、上司に見せる前に人と一緒にすべきことは何か。run through「～にざっと目を通す」が適切。stick by「～を見捨てない」、grow on「～にだんだん募ってくる」、burst into「急に～し始める」

(7) 解答 **3**

同じ男が2日続けて近所をぶらついているのに気づいて、宝石店の店員はかなり疑わしく思った。とうとう彼女は警察に電話をして、男に職務質問するよう頼んだ。

解説 空所以下は the same man を説明する語句が入る。空所のあとに「2日続けて近所を」とあるので、loitering「ぶらついている」が適切。「疑わしく思った」という前半の内容にも合う。grumbling「ぶつぶつ言っている」、hindering「妨げになっている」、intriguing「陰謀を企てている」

(8) 解答 **2**

パリでの休暇の最終日、ジュリアは訪問のちょっとした記念の品を買いに出かけた。絵を買おうかと思ったが、どれも非常に高価だった。最終的に、彼女はエッフェル塔の小さな模型を買った。

解説 旅で買うものといえば、memento「記念の品」が適切。memor- は「思い出す」という意味の語根なので、覚えておくとよい。anecdote「逸話」、quota「割り当て」、utility「実用性」

22 ご来店ありがとうございます

楽器店で、20周年記念セールのアナウンスが流れてきました。

 つきっきり英文解説 22-1 ～22-3

モデル音声と解説を聞いて、英文の内容を確認しよう。
大事なところはメモを取ろう。

Welcome to Anderson Music Shop. Today marks our 20th anniversary. We'd like to **commemorate** this **occasion** and give back to our customers by offering a 10% discount on all **purchases** today.

But that's not all. **Sign up for** our music class **along with** your **purchase**, and we'll give you the first month of lessons free. If you've wanted to learn from **experienced instructors**, don't **pass up** this chance!

As a side note, we'll be **donating** 5% of all sales today to the community **assistance** program.

We thank you all for your **loyal** support.

英文の訳

　アンダーソン・ミュージック・ショップへようこそ。本日20周年を迎えました。この機会を記念し、本日のすべてのご購入を10%引きとすることでお客様に還元いたします。

　しかしそれだけではありません。ご購入と同時に当店の音楽教室にお申し込みいただくと、初月のレッスンを無料でご提供します。経験豊富な講師から学びたいとお考えだった方は、このチャンスをお見逃しなく！

　ちなみに、本日の全売り上げの5%をコミュニティ支援プログラムに寄付いたします。

　みなさまの変わりないご支援に感謝いたします。

文法と表現

As a side note, ～.〈「ちなみに」の言い方〉
side note は書籍などで本文の横にある注釈のことで、as a side note は「ついでに言うと、ちなみに」という意味の決まった表現。似た表現に for your information「ご参考までに」がある。

次はトレーニング！

合格直行！

Nobu's トレーニング

元気に言ってみよう！
Don't be shy!

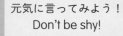

 ① 単語・表現チェック >>>>>>> ▶ 22-4

英検によくでるものを集めました。先生のあとに英語を繰り返そう。

□ commemorate	動 を記念する、を祝う［≒ celebrate］
□ occasion	名 機会、場合、行事
□ purchase	名 購入、買ったもの 動 （高価なもの・大量のもの）を購入する
□ along with 〜	〜と一緒に、〜に加えて
□ experienced	形 熟練した［≒ skillful, skilled, expert］
□ instructor □ instruction	名 講師、指導者 名 指示、（製品の）使用書、教育
□ pass up 〜	（機会など）を見送る、（あえて）見逃がす
□ donate □ donation	動 を寄付する［≒ contribute］、（臓器・血液）を提供する 名 寄付（金）
□ assistance	名 支援、援助［≒ help, aid, support］
□ loyal □ loyalty	形 忠実な、誠実な〈to 〜に〉 名 忠義、忠誠心［≒ allegiance, fidelity, devotion, faithfulness］

 ② 見ながらリピート >>>>>>>>> ▶ 22-5

英文を見ながら、先生のあとに英語を言ってみよう。

 ③ 見ないでリピート >>>>>>>>> ▶ 22-6

英文を見ずに、先生のあとに英語を言ってみよう。

 ④ しあげのシャドーイング >>> ▶ 22-7

英文を見ずに、先生の声の直後を追いかけて英語を言ってみよう。

23 アナウンス❷
自然史博物館にようこそ

自然史博物館で館内放送が流れてきました。

つきっきり英文解説

23-1
〜23-3

モデル音声と解説を聞いて、英文の内容を確認しよう。
大事なところはメモを取ろう。

We have four zones here at the Smith Natural History Museum.

The Orange Zone **explores** the history of dinosaurs. You can see actual **fossils** and skeletons of dinosaurs that **roamed** the earth hundreds of millions of years ago.

The Red Zone looks at how life **evolved**. How did the first **organisms eventually** lead to the birth of animals and humans? It's a **fascinating** story.

The Green Zone is our **botanical** section. Learn about the **diverse** plants that **flourish** on earth.

Finally, go to the Blue Zone to know more about various **maritime creatures**, from small jellyfish to large whales.

英文の訳

　ここスミス自然史博物館には4つのゾーンがあります。

　オレンジゾーンでは恐竜の歴史を探ります。何億年も前に地球を歩き回っていた実際の恐竜の化石や骨格を見ることができます。

　レッドゾーンでは、生命がどのように進化したかを見ていきます。最初の有機体が最終的にどのように動物や人間の誕生につながったのでしょうか。それは魅惑の物語です。

　グリーンゾーンは植物セクションです。地球上で繁栄する多様な植物について学びましょう。

　最後にブルーゾーンに行って、小さなクラゲから大きなクジラまで、多様な海の生き物についてよりくわしく知りましょう。

文法と表現

hundreds of millions of 〜
〈大きな概数の言い方〉

「何百万もの〜」は millions of 〜。「何億もの〜」は、それがさらに何百もあるということで hundreds of millions of 〜 で表す。ちなみに「何十万もの〜」は hundreds of thousands of 〜。

次はトレーニング！

合格直行！ Nobu's トレーニング

一緒に声に出して
マスターしよう！

① 単語・表現チェック ＞＞＞＞＞＞＞ ▶ 23-4

英検によくでるものを集めました。先生のあとに英語を繰り返そう。

☐ explore	動 (を) 探検する、(を) 調査する
☐ fossil	名 化石、時代遅れの人 [もの・理論など]
☐ roam	動 を歩き回る、を放浪する [≒ wander, stroll, loiter, ramble, rove]
☐ evolve	動 進化する
☐ organism	名 有機体、生物 [≒ living thing, being, creature]
☐ eventually 　☐ ultimately	副 結局 (は)、ついに (は) [≒ finally, in the end] 副 結局 (のところ)、最終的には [≒ finally, in the end]
☐ fascinating	形 魅惑的な
☐ botanical	形 植物の、植物 (学) 上の
☐ diverse	形 多様な [≒ various]
☐ flourish	動 栄える、繁盛する [≒ prosper, thrive]
☐ maritime	形 海の、海事の [≒ marine, nautical]
☐ creature	名 生き物

☑

② 見ながらリピート ＞＞＞＞＞＞＞＞＞ ▶ 23-5

英文を見ながら、先生のあとに英語を言ってみよう。

Excuse me.

Excuse me.

☑

③ 見ないでリピート ＞＞＞＞＞＞＞＞＞ ▶ 23-6

英文を見ずに、先生のあとに英語を言ってみよう。

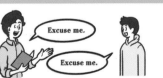

Excuse me.

Excuse me.

☑

④ しあげのシャドーイング ＞＞＞ ▶ 23-7

英文を見ずに、先生の声の直後を追いかけて英語を言ってみよう。

Excuse me. I want to...

Excuse me. I want to...

☑

24 アナウンス❸

残念なお知らせ

悪天候の中での野外コンサート。開演前にアナウンスが流れてきました。

つきっきり英文解説 24-1 ～24-3

モデル音声と解説を聞いて、英文の内容を確認しよう。
大事なところはメモを取ろう。

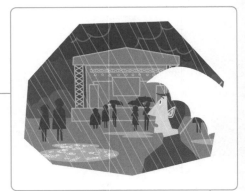

　　We regret to announce that today's outdoor concert will be canceled **due to** an **approaching** thunderstorm. Our **guidelines dictate** that events be **called off** if the weather **poses** a safety risk to **attendees**. Forecasts **predict** that conditions will **worsen** in the next few hours, with **extremely** strong rain and winds expected.

　　We would like to **reassure** you that your ticket will be **valid** for future concerts. For dates, please check the calendar on our website. Or you may ask for a full **refund**, which you can request using our online form.

英文の訳

　　本日の野外コンサートは、接近中の激しい雷雨のため、残念ながら中止とさせていただくことをお知らせいたします。私どものガイドラインでは、天候が参加者の安全に危険を及ぼす場合、イベントは中止することとなっております。予報によりますと、今後数時間の間に状況は悪化し、きわめて強い雨と風となることが予想されております。

　　お客様のチケットは今後の公演でも有効ですのでご安心ください。日程につきましては、私どものウェブサイトのカレンダーをご確認ください。また全額返金のご依頼も可能で、オンラインフォームを使ってご申請いただけます。

文法と表現

We regret to announce that ～.
〈regret の使い方〉
regret は「を後悔する」という意味だが、regret to do で「残念ながら～する」「～することを遺憾に思う」という意味を表す。be sorry to do の改まった言い方。

次はトレーニング！

合格直行！
Nobu's トレーニング

がんばった分だけ
しっかり身につくよ！

1 単語・表現チェック >>>>>>> ▶ 24-4

英検によくでるものを集めました。先生のあとに英語を繰り返そう。

☐ **due to ～**	～による、～が原因で
☐ **due**	形 支払期日になって（いる）、（当然）支払われる（べき）［≒ owing］
☐ **approach**	動（に）近づく、（に）接近する
☐ **dictate**	動 を命令する［≒ command］、を決定づける［≒ determine］、を書きとらせる
☐ **call off ～**	～を中止する［≒ cancel］
☐ **pose**	動（問題など）を提起する、を引き起こす［≒ present］
☐ **attendee**	名 参加者
☐ **attendant**	名 サービス係、案内係、付き添い人
☐ **predict**	動 を予報する、を予言する
☐ **worsen**	動 悪化する［≒ deteriorate］、を悪化させる［≒ aggravate］
☐ **extremely**	副 極端に
☐ **reassure**	動 を安心させる［≒ relieve］
☐ **valid**	形 法的に有効な［≒ effective］、理にかなった［≒ reasonable, rational］
☐ **validation**	名 確認、承認［≒ confirmation］

2 見ながらリピート >>>>>>>>> ▶ 24-5

英文を見ながら、先生のあとに英語を言ってみよう。

3 見ないでリピート >>>>>>>>> ▶ 24-6

英文を見ずに、先生のあとに英語を言ってみよう。

4 しあげのシャドーイング >>> ▶ 24-7

英文を見ずに、先生の声の直後を追いかけて英語を言ってみよう。

Real-Life: 1 question each / Multiple-choice

E03

(A)

No. 1 **Situation:** You have a business meeting downtown at 10:00 am. You cannot leave your hotel before 9:00 am. You want to spend as little money as possible. The hotel clerk gives you the following information.

Question: How should you travel downtown?

   1 Take a taxi all the way.
   2 Go on the subway.
   3 Catch a bus from the hotel.
   4 Ride the Northern Express.

(B)

No. 2 **Situation:** You are a student on an exchange program in the US. Your home school has told you to take some history courses during your year abroad. The program coordinator explains the courses available.

Question: What should you do?

   1 Register for the English program.
   2 Take the culture class on Wednesdays.
   3 Talk to the coordinator after the meeting.
   4 Explain the situation to your home school.

(C)

No. 3 **Situation:** You are looking for a new apartment. The apartment must be within walking distance of the subway. Your budget for the monthly rent is 400 dollars. You go to a rental agency and the man there gives you the following information.

Question: Which apartment should you look at?

   1 The Redfields apartment.
   2 The Newtown apartment.
   3 The Davis Street apartment.
   4 The Bennington Street apartment.

(D)

No. 4 **Situation:** You are leaving for a two-week cycling holiday in France on April 25th. You ordered a new long-distance touring bicycle last month to take with you for this occasion. You want to spend as little extra money as possible. You get the following telephone call from the bicycle store.

Question: Which option should you take?

   1 Wait for the order to arrive.
   2 Rent the store's bicycle.
   3 Purchase the superior model.
   4 Cancel the order.

解答・解説

(A)

No. 1　解答　**4**

The quickest way from here would be to take a taxi, but that would be expensive. There are two possible train routes. The cheapest is by subway, but you would need to change twice and it would take you a bit more than an hour. The other route is a 15-minute walk to Wood Street Station and then a 20-minute ride by the Northern Express. That costs a little more. Finally, you could take a bus from right in front of the hotel, but that would take about 90 minutes to reach the downtown area.

> **状況：**あなたは午前10時にダウンタウンで仕事の会合がある。ホテルを9時前に出ることはできない。できるだけお金は使いたくない。ホテルの受付係が次のような情報をくれる。
> **質問：**ダウンタウンへはどう行くべきか。
> ここからもっとも速い方法はタクシーに乗ることですが、それだと高くつきます。電車で行けるルートは2つあります。いちばん安いのは地下鉄ですが、2回乗り換えが必要で、1時間強かかります。もう1つのルートはウッドストリート駅まで15分歩き、ノーザン急行に20分乗ります。少しお金は多くかかります。最後に、ホテルの真ん前からバスにも乗れますが、ダウンタウン地域に着くのに90分ほどかかります。

1　ずっとタクシーに乗る。 　　　　**2**　地下鉄で行く。
3　ホテルからバスに乗る。 　　　　**4**　ノーザン急行に乗る。

解説 ホテルからダウンタウンまで1時間以内で、しかもできるだけ安く行ける方法を聞きとる。なるべくお金をかけずもっとも時間がかからないのは The other route is a 15-minute walk to Wood Street Station and then a 20-minute ride by the Northern Express. と説明している行き方。したがって**4**が適切。

(B)

No. 2　解答　**3**

Hello, everyone. Welcome to Chicago! I'm going to explain about classes. All of you are automatically registered for the English program, which takes place every morning, Monday to Friday, from 9:00 to 12:00. In addition to that, you are also registered for a culture class every Wednesday afternoon. If you want to take any other classes, please come and talk to me after this meeting. As long as they don't clash with the English classes, you are allowed to take up to two regular courses, but you need to get the professor's permission.

> **状況：**あなたは交換プログラムでアメリカにいる学生である。母国の学校から、留学中に歴史のコースを受講するようにと言われている。プログラムコーディネーターが受講できるコースを説明してくれる。
> **質問：**あなたは何をするべきか。
> こんにちは、みなさん。シカゴにようこそ！　授業について説明します。みなさんは英語プログラムに自動的に登録されます。毎日午前中、月曜から金曜の9時から12時です。それに加えて、毎週水曜午後の文化クラスに登録されます。ほかのクラスを受講したければ、このミーティングのあと、私に相談に来てください。英語のクラスとかち合わない限り、通常コースを2つまで受講することが許されますが、教授の許可をもらうことが必要です。

1　英語プログラムに登録する。 　　　　**2**　水曜日の文化クラスを受講する。
3　ミーティングのあと、コーディネーターに相談する。 　　**4**　母国の学校に状況を説明する。

解説 歴史のコースへの言及はなかったので、If you want to take any other classes, please come and talk to me after this meeting. という説明にしたがって、コーディネーターに相談するのが正解。

(C)

No. 3 解答 **2**

We have a number of excellent properties available just now. There is a beautiful new apartment right opposite the Bennington Street Subway Station. The rent is 800 dollars a month, which is cheap for the area. Then, we have an older property in Newtown. It is a five-minute walk from the apartment to Newtown Station on the subway. It costs 350 dollars a month. Then, there is a property in Redfields. It is very cheap at 300 dollars, but you need to take a 20-minute bus ride to the subway. Finally, we have a luxury apartment for 2,000 dollars a month in the new development above Davis Street Subway Station just around the corner from here.

状況：あなたは新しいアパートをさがしている。アパートは地下鉄まで歩いていける距離であること。月々の家賃の予算は400ドルである。賃貸斡旋業者に行くと、そこの男性が次のような情報をくれる。

質問：あなたはどのアパートを見るべきか。

ちょうど今すばらしい物件がたくさんあります。ベニントンストリート地下鉄駅の真向かいにきれいな新築アパートがあります。家賃は月800ドルで、その地域にしては安いです。それからニュータウンにもう少し古い物件があります。アパートから地下鉄のニュータウン駅までは歩いて5分です。月に350ドルですね。次にレッドフィールズに物件があります。非常に安くて300ドルですが、地下鉄までバスで20分かかります。最後に、ここからすぐ近くのデイビスストリート地下鉄駅の上にある新しい開発地域に、月2,000ドルの高級マンションもあります。

1 レッドフィールズのアパート。　　**2** ニュータウンのアパート。
3 デイビスストリートのアパート。　　**4** ベニントンストリートのアパート。

解説　地下鉄駅まで歩ける、家賃が400ドル以下の物件を聞きとる。いろいろな地名が出てくるので、メモをとりながら、条件に当てはまるものをさがすことが必要。2番目に we have an older property in Newtown. It is a five-minute walk from the apartment to Newtown Station on the subway. It costs 350 dollars a month. と説明しているのが条件に合う物件。

(D)

No. 4 解答 **2**

Hello. I'm very sorry to say there has been a delay with your order. We were expecting it to arrive today, but now they tell us it will not get here before April 30th. We are very sorry. Your options are to wait until the 30th and get the bicycle you ordered. Alternatively, you could buy the superior version we have in stock. That would cost you another 100 dollars. We do also offer a rental service for the same model. As the delay is not your fault, we would be prepared to let you have that at the special rate of 30 dollars for a month. Finally, you could cancel the order altogether, although we would be sorry if you did that.

状況：あなたはフランスでの2週間のサイクリング旅行のために4月25日に出発することになっている。そのときに持っていく新しい長距離ツーリング自転車を、先月注文した。できるだけ余分な出費は避けたい。自転車店から次のような電話がかかってくる。

質問：あなたはどの選択肢をとるべきか。

もしもし。申し訳ありませんが、お客様のご注文の品に遅れが出ています。きょう届くはずだったのですが、4月30日以前にはこちらに届かないと言われまして。大変申し訳ありません。30日まで待ってご注文の自転車をお受け取りいただくという手もあります。または、当店在庫の上級バージョンをご購入いただくこともできます。その場合はあと100ドルかかります。また、同じモデルのレンタルサービスも提供できます。遅延はお客様の責任ではありませんので、月30ドルの特別料金で貸し出しいたします。最後に、そうされては残念ですが、ご注文をすべてキャンセルすることもできます。

1 注文品が届くまで待つ。　　**2** 店の自転車を借りる。
3 上級モデルを買う。　　**4** 注文をキャンセルする。

解説　自転車は4月25日の出発日までに必要で、これ以上の出費は極力避けたい。注文品が届くのは25日を過ぎるので待てない。注文をキャンセルしても自転車は手に入らないし、上級モデルはあと100ドルかかる。終盤でレンタルについて We do also offer a rental service ～ at the special rate of 30 dollars for a month. と説明しているので、**2**が適切。

● 準1級によくでる単語（名詞）

 M07

□ **accreditation**	名（正式）認可、公認 [≒ authorization]
□ **appliance**	名（特に家庭用の）器具
□ **autograph**	名（有名人の）サイン、自筆（の文書）
□ **avoidance**	名 回避[≒ evasion]
□ **bait**	名 誘惑物[≒ enticement, lure, allurement]、（釣り針・わなに付ける）餌
□ **barn**	名（農家の）納屋、家畜小屋
□ **blow**	名 強打、打撃[≒ knock]、災難 [≒ misfortune, disaster]
□ **breed**	名 品種、種類
□ **circuit**	名 周回すること、回路、巡回
□ **compartment**	名（列車・客室などの）コンパートメント、（仕切った）区画[部屋]
□ **condiment**	名（通例 ～s）香辛料
□ **corridor**	名 廊下[≒ hall, hallway, passage, passageway]
□ **crisis**	名 危機、難局[≒ emergency]
□ **dimension**	名 局面[≒ aspect]、寸法 [≒ size, measurement]、規模 [≒ scale]、次元
□ **ease**	名 たやすさ
□ **errand**	名（人の）使い、用足し
□ **eternity**	名 永遠（性）[≒ perpetuity]
□ **exposure**	名（危険などに）身をさらすこと、暴露
□ **feast**	名 祝宴、大宴会[≒ banquet]、楽しませてくれるもの[≒ treat]
□ **gap**	名 すき間[≒ space]、割れ目 [≒ crack]、隔たり[≒ chasm]

□ **inception**	名（通例the ～）初め、発端 [≒ beginning, start, commencement]
□ **limitation**	名 制限[≒ restriction]、（通例 ～s）（能力・活動などの）限界
□ **makeup**	名 構成、構造[≒ composition, constitution, structure]、化粧
□ **objective**	名 目標、目的[≒ aim, goal, object]
□ **obstacle**	名 障害（物）[≒ barrier]
□ **outburst**	名 爆発、突発[≒ eruption, explosion]
□ **pottery**	名 陶器類、焼き物類
□ **ransom**	名 身代金、（身代金などによる）解放
□ **ration**	名 割当（量）[≒ allowance, allocation, quota]
□ **readership**	名 読者数、読者層
□ **remnant**	名 残り[≒ remains, remainder]
□ **sector**	名 部門、セクター[≒ division]、（都市内の）地域[≒ district]
□ **spell**	名（ある天候の続く）期間、短時間、活動[勤務]期間
□ **submission**	名 提出[≒ presentation]、服従 [≒ obedience]
□ **trace**	名 跡、形跡[≒ sign, mark]
□ **vault**	名（地下）金庫室、地下（貯蔵）室
□ **veil**	名 おおい隠すもの、（女性の）ベール

行ってよかった！

ボブは迷った末に、高校の同窓会に参加することにしました。

つきっきり英文解説

25-1
〜25-3

モデル音声と解説を聞いて、英文の内容を確認しよう。
大事なところはメモを取ろう。

At first, Bob was **reluctant** to join his high school **reunion** party. He was never the **outgoing** type, and he felt shy about meeting his old classmates.

But the moment he saw them at the **venue**, he quickly **loosened up**. They all had a wonderful time **interacting** and **catching up on** each other's lives. Some of Bob's classmates had become famous, and he was **inspired** hearing their stories.

Bob came back home feeling **enlivened**. He was happy that he didn't **miss out on** this **invaluable opportunity** to reconnect with his old friends.

英文の訳

　最初、ボブは高校の同窓会に参加することに気が進みませんでした。もともと社交的なタイプではなかったし、昔の同級生に会うのが恥ずかしかったからです。

　でも会場で彼らに会った瞬間、すぐに緊張が解けました。彼らはみんなで交流して、お互いの人生についてのこれまでの情報を交換し、すばらしい時間を過ごしました。ボブの同級生の中には何人か有名になっていた人もいて、彼らの話を聞いて刺激を受けました。

　ボブは元気になって家に帰りました。昔の友人と再会できるきわめて貴重な機会を逃さずにすんでうれしく思いました。

文法と表現

he was inspired hearing 〜 /
Bob came back home feeling 〜.
〈分詞の働き〉

現在分詞（動詞の ing 形）は、「〜している」の意味で名詞を修飾するだけでなく、いろいろな形で情報を補足する働きをする。inspired hearing 〜 は「〜を聞いて刺激を受けた」の意味で原因・理由を表し、came back home feeling 〜 はどんな状態で帰宅したかを説明している。

次はトレーニング！

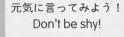
元気に言ってみよう！
Don't be shy!

合格直行！
Nobu's トレーニング

 単語・表現チェック >>>>>>> 25-4

英検によくでるものを集めました。先生のあとに英語を繰り返そう。

□ **reluctant**	形 気が進まない［≒ unwilling］
□ **be reluctant to _do_**	～することに気が進まない［≒ be unwilling to _do_］
□ **reunion**	名 同窓会、再会
□ **outgoing**	形 社交的な、外向的な［≒ extrovert］
□ **venue**	名 会場［≒ site］、開催地
□ **loosen up ～**	（緊張などを）ほぐす、打ち解ける
□ **interact**	動 交流する、互いに影響し合う
□ **interaction**	名 交流、相互作用
□ **catch up on ～**	（近況など）について新しい情報を知る、～を聞く、～の遅れを取り戻す
□ **inspire**	動 を奮起させる、を鼓舞する［≒ stimulate, motivate, encourage］
□ **enliven**	動 を活気づける［≒ activate, energize］
□ **activate**	動 を作動させる［≒ start (up ～), set off ～］、を活発にする［≒ energize, enliven］
□ **miss out on ～**	（機会・好機）を逸する
□ **invaluable**	形 きわめて貴重［高価］な［≒ priceless］

 見ながらリピート >>>>>>>>> 25-5

英文を見ながら、先生のあとに英語を言ってみよう。

 Excuse me. / Excuse me.

 見ないでリピート >>>>>>>>> 25-6

英文を見ずに、先生のあとに英語を言ってみよう。

 Excuse me. / Excuse me.

 しあげのシャドーイング >>> 25-7

英文を見ずに、先生の声の直後を追いかけて英語を言ってみよう。

 Excuse me. I want to... / Excuse me. I want to...

26 エピソード・ニュース❷
最高益を達成しました

経済ニュースのコーナーで、急成長した企業が取り上げられています。

つきっきり英文解説 26-1 〜26-3

モデル音声と解説を聞いて、英文の内容を確認しよう。
大事なところはメモを取ろう。

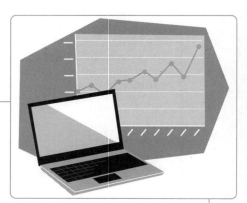

TLC **Corporation** announced that the company **generated** record **profits** last quarter. Their **investment** in IT is **paying off**, helping to reduce **operational** costs and **boost productivity**, the president said. Strong **domestic** demand also **contributed to** the increase.

However, the president **acknowledged** that **issues** remain. Competition from rival companies is getting **fierce**, and in order to survive, the company will have to continue to **innovate**. To **seize** new growth **opportunities**, he also **revealed** that the company plans to **expand** into the **booming** market of Asia starting next year.

英文の訳

TLC コーポレーションは、前四半期に過去最高益を生み出したと発表しました。社長によれば、IT への投資が功を奏しており、運営コストの削減と生産性の向上に寄与しているとのことです。強力な国内需要も増益に貢献しました。

しかし、課題が残っていることを社長は認めています。ライバル企業との競争は激化しており、生き残るためには、この会社は革新を続けていかなければならないでしょう。新たな成長機会をつかむために、好景気にわくアジア市場に、来年から進出することを計画していることも明らかにしました。

文法と表現

helping to reduce 〈help の使い方〉
help は「(人) を助ける」という意味を表すほか、ものを主語にして「に役立つ」という意味でもよく使われる。〈help to do〉または原形不定詞の〈help do〉で「〜するのに役立つ、〜を促進する」という意味。

次はトレーニング！

合格直行!
Nobu's トレーニング

一緒に声に出して
マスターしよう!

① 単語・表現チェック >>>>>> 26-4

英検によくでるものを集めました。先生のあとに英語を繰り返そう。

□ **generate**	動 を生み出す、を発生させる［≒ produce, create］、を引き起こす［≒ cause］
□ **profit**	名 利益
□ **revenue**	名（～s）(国・自治体の）歳入、収益［≒ profit］、（定期）収入［≒ income］
□ **investment**	名 投資
□ **invest**	動 を投資する、をつぎ込む［≒ put in ～］
□ **pay off ～**	（努力などの）成果が上がる、（借金など）を全部払う
□ **operational**	形 運転の、使用できる（状態の）［≒ in working order］
□ **productivity**	名 生産性［≒ efficiency］
□ **contribute to ～**	～に寄与［貢献］する、～の一因となる、～に寄付する
□ **contribution**	名 貢献、寄付（金）［≒ donation］
□ **acknowledge**	動 を認める［≒ admit, accept, grant］
□ **fierce**	形 激しい［≒ intense］、どう猛な［≒ ferocious］
□ **innovate**	動 革新する、刷新する
□ **innovation**	名 （技術）革新、新機軸
□ **reveal**	動 を明らかにする、を暴露する
□ **expand**	動 を拡大［拡張］する［≒ enlarge, extend, amplify］
□ **boom**	動 (景気が)非常によい　名 好況（期）、急激な上昇

② 見ながらリピート >>>>>>>>> 26-5

英文を見ながら、先生のあとに英語を言ってみよう。

Excuse me.
Excuse me.

③ 見ないでリピート >>>>>>>>> 26-6

英文を見ずに、先生のあとに英語を言ってみよう。

Excuse me.
Excuse me.

④ しあげのシャドーイング >>> 26-7

英文を見ずに、先生の声の直後を追いかけて英語を言ってみよう。

Excuse me. I want to...
Excuse me. I want to...

27 エピソード・ニュース❸

すばらしいアイデア

スザンヌは新しいビジネスプランを考えましたが、なかなか受け入れてもらえませんでした。

つきっきり英文解説 27-1 〜27-3

モデル音声と解説を聞いて、英文の内容を確認しよう。
大事なところはメモを取ろう。

Susanne felt she **came up with** a great business plan for a new service. However, when she **put forth** the idea to her team members, it was **met with criticism**. One of the comments she received was that it was **impractical**. She felt **discouraged**, but she **heeded** their advice and made **improvements** to her idea.

After a month, she presented her idea again. This time, it was received very highly. The company president was also **impressed**, and decided to **implement** Susanne's plan.

She was glad she didn't **abandon** her idea when her **colleagues** first **opposed** it.

英文の訳

スザンヌは、新しいサービスのためのすばらしいビジネスプランを思いついたと感じていました。しかし、彼女がそのアイデアをチームメンバーに提出したところ、それは批判を受けました。彼女が受けとったコメントの1つは、それは非現実的だというものでした。彼女は落胆しましたが、メンバーの助言にしたがってアイデアを改善しました。

1か月後、彼女は再び自分のアイデアを発表しました。今回は、それは非常に高い評価を受けました。社長も感銘を受けて、スザンヌのプランを実行に移すことにしました。

最初に同僚が反対したときに、自分のアイデアをあきらめなくてよかったと彼女は思いました。

文法と表現

it was received very highly
〈「評価される」の言い方〉

receive は「を受け入れる、を迎える」、highly は「大いに、高く」という意味で、これらを合わせると、ここでは「高く評価された」という内容になる。「と評価する」を表す動詞には、ほかに appreciate「の真価を認める」や regard「とみなす」、evaluate「を評価する」などがある。

次はトレーニング！

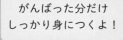
がんばった分だけ
しっかり身につくよ！

合格直行！
Nobu's トレーニング

 単語・表現チェック >>>>>>> ▶ 27-4

英検によくでるものを集めました。先生のあとに英語を繰り返そう。

□ **come up with ~**	～を思いつく［≒ hit on［upon］～］
□ **put forth ~** 　□ **put forward ~**	（計画・案など）を提出する ～を提案［提出］する［≒ submit, suggest］
□ **meet with ~** 　□ **encounter**	（称賛・非難など）を受ける、（事故など）に遭遇する 動 に遭遇する［≒ meet with ~, run into ~］
□ **criticism**	名 批判［≒ condemnation］、批評［≒ review］
□ **impractical**	形 非現実的な、実際的でない
□ **discourage**	動 を落胆させる［≒ dishearten］、に思いとどまらせる［≒ dissuade］
□ **heed**	動 にしたがう［≒ obey, observe, follow］、 　（助言など）に注意する［≒ pay attention to ~, take notice of ~］
□ **improvement** 　□ **refinement**	名 改善 名 改善（点）［≒ improvement］、洗練（された作法）［≒ polish］
□ **implement**	動 を実行する［≒ execute, fulfill, carry out ~］
□ **abandon**	動 を捨てる［≒ desert, leave］、を放棄する［≒ give up, discard, renounce］
□ **colleague**	名 （職場の）同僚［≒ coworker, fellow worker, associate］
□ **oppose**	動 に反対する［≒ object to ~］

☑

 見ながらリピート >>>>>>>>> ▶ 27-5

英文を見ながら、先生のあとに英語を言ってみよう。

☑

 見ないでリピート >>>>>>>>> ▶ 27-6

英文を見ずに、先生のあとに英語を言ってみよう。

☑

 しあげのシャドーイング >>> ▶ 27-7

英文を見ずに、先生の声の直後を追いかけて英語を言ってみよう。

☑

28

みなさんの協力が必要です

ウイルスによる感染症が拡大し、知事が市民に警戒を呼びかけました。

つきっきり英文解説

 28-1 〜28-3

モデル音声と解説を聞いて、英文の内容を確認しよう。
大事なところはメモを取ろう。

　The governor warned of signs of a **virus outbreak** in the region and called on citizens to be **on alert**.
　"We're seeing an increase in **infections**. The city is taking **measures** to **confine** it, but we also need your **cooperation** in **combatting** this," he said.　He requested that people avoid crowded places to **minimize** the risk of **infection**.　He also **emphasized** the effectiveness of washing hands in preventing **infections**.　"We need to **tackle** this **vigorously** before things get out of hand," he stated.

英文の訳

　知事はその地域でのウイルス発生の兆候について警告し、市民に警戒を呼びかけました。
　知事は「感染の増加を確認しつつあります。市としては封じ込めの措置を講じていますが、戦うにはみなさんの協力も必要です」と述べました。彼は、感染のリスクを最小限に抑えるために人混みを避けてほしい、と人々に要請しました。また、感染予防における手洗いの有効性も強調しました。彼は「物事が手に負えなくなる前に精力的に取り組む必要がある」と述べました。

文法と表現

He requested that people avoid 〜.
〈request の使い方〉
request は「を要請する、を頼む」という意味。〈request that + 人 + do〉で「人に〜することを要請する」となる。同じ意味で〈request + 人 + to do〉の形も使われる。

次はトレーニング！

Nobu's トレーニング

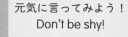
元気に言ってみよう！
Don't be shy!

 ① 単語・表現チェック >>>>>>> 28-4

英検によくでるものを集めました。先生のあとに英語を繰り返そう。

☐ **virus**	名 ウイルス、ウイルス（性）疾患 [≒ virus disease]
☐ **outbreak**	名 （病気・戦争などの）突発、発生 [≒ eruption]
☐ **on alert**	油断なく警戒中の
☐ **alert**	形 油断のない [≒ watchful, vigilant] 名 警戒
☐ **infection**	名 感染
☐ **infect**	動 に感染させる [≒ affect]、を汚染する [≒ contaminate, pollute, taint]
☐ **measure**	名 措置、程度、基準
☐ **confine**	動 を閉じ込める [≒ imprison]、を限定する [≒ restrict, limit]
☐ **cooperation**	名 協力
☐ **cooperative**	形 協力的な、協同の [≒ collaborative]
☐ **combat**	動 を撲滅しようとする、と交戦する [≒ battle against]
☐ **minimize**	動 を最小限にする
☐ **minimal**	形 最小（限度）の
☐ **tackle**	動 に取り組む [≒ handle, address (*myself* to 〜), approach]、にタックルする
☐ **vigorously**	副 精力的に
☐ **vigorous**	形 （運動などが）激しい、（行為・手段などが）精力的な、（人が）活力のある

 ② 見ながらリピート >>>>>>>>> 28-5

英文を見ながら、先生のあとに英語を言ってみよう。

Excuse me.
Excuse me.

 ③ 見ないでリピート >>>>>>>>> 28-6

英文を見ずに、先生のあとに英語を言ってみよう。

Excuse me.
Excuse me.

 ④ しあげのシャドーイング >>> 28-7

英文を見ずに、先生の声の直後を追いかけて英語を言ってみよう。

Excuse me. I want to...
Excuse me. I want to...

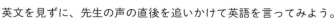

To complete each item, choose the best word or phrase from among the four choices.

(1) Everybody living in the apartment building was upset when the new hotel was built. This was because it (   ) their view of the sea and so lessened the value of their homes.

     1 obscured   **2** jolted   **3** enrolled   **4** negated

(2) During the discussion, John suddenly lost his temper and began shouting at his colleagues. The next day he apologized to everyone for his (   ) and explained that he had been suffering from a lack of sleep.

     1 outburst   **2** insight   **3** outlet   **4** intake

(3) James used to enjoy eating out at expensive restaurants. Recently, though, he took out a loan and bought a new car. Now he has to (   ) the loan, and so in order to spend less, he has stopped eating out.

     1 pay off   **2** wash out   **3** shake up   **4** break in

(4) When the man saw the little boy fall into the river, he immediately (   ) in after him in order to save him from drowning. Everyone praised his bravery and quick thinking.

     1 capsized   **2** juggled   **3** merged   **4** plunged

(5) When a case of cholera was found on the ship, the authorities put it into (   ). No one was allowed to leave until the danger of infection had passed.

     1 ignition   **2** quarantine   **3** felony   **4** conviction

(6) All visitors to the museum are requested to (   ) from eating and drinking inside the building. There is a space for eating and drinking, however, in the museum garden.

     1 relent   **2** release   **3** entitle   **4** refrain

(7) The cat was about to jump on the bird, but suddenly the noise of a car from the road (   ) the bird and it flew away to safety.

     1 deported   **2** startled   **3** speculated   **4** swelled

(8) The committee decided (   ) to accept the proposal to knock down the university library and build a new one. Not a single person disagreed with the decision.

     1 drastically   **2** conspicuously   **3** unanimously   **4** lamely

解答・解説

(1) 解答　**1**

新しいホテルが建ったときに、アパートに住んでいる全員が困惑した。それは、ホテルが海の眺めを<u>おおい隠し</u>、彼らの家の価値を減らしたからだ。

解説 obscured「〜を見えなくした」を入れると意味が通じる。ob- は against の意味の接頭辞。語根 neg には「拒む」の意味があることも手がかりになるだろう。jolted「〜をがたがた揺らした」、enrolled「〜を登録させた」、negated「〜を無効にした」

(2) 解答　**1**

討論の間、ジョンは突然かんしゃくを起こし、同僚に向かってどなり始めた。翌日彼はみんなに自分の<u>感情の爆発</u>について謝り、寝不足に悩んでいたのだと説明した。

解説 感情が吹き出すことを表すには outburst「爆発」が適切。out- が付く語は外に向かう意味をもち、in- が付く語は in、on、at の意味をもつと知っておくと単語の意味が類推できる。insight「洞察」、outlet「はけ口」、intake「吸入」

(3) 解答　**1**

ジェイムズは値段の高いレストランで外食を楽しんだものだ。しかし最近、彼はローンを組んで新車を買った。今はローンを<u>完済し</u>なければならないので、出費を減らすために彼は外食をやめている。

解説 空所の直前の文で、「ローンを組んで新車を買った」とある。空所の直後には the loan があり、出費を抑えるという内容が続いているので、「完済しなければならない」とすると文脈が通じる。pay off「〜を完済する」が正解。wash out「〜を洗い流す」、shake up「〜を刷新する」、break in「〜を慣らす」

(4) 解答　**4**

少年が川に落ちるのを見たとき、溺れるのを助けようと男性はすぐにあとを追って<u>飛び込んだ</u>。みんなが彼の勇気ととっさの判断を褒めた。

解説 川に落ちた少年を助けようとして、とっさに川に plunged「飛び込んだ」とすると自然

な流れになる。capsized「転覆した」、juggled「ごまかした」、merged「結合した」

(5) 解答　**2**

コレラの患者が船上で見つかったとき、当局はその船を<u>隔離</u>した。感染の危険が去るまで、誰も外に出ることを許されなかった。

解説 感染者が乗った船への対応は quarantine「隔離」。case、authorities、infection など、関連語はできるだけまとめて覚えておこう。ignition「点火装置」、felony「重罪」、conviction「有罪判決」

(6) 解答　**4**

博物館へのすべての訪問者は建物内での飲食を<u>控える</u>よう求められている。しかし、博物館の庭には飲食のためのスペースがある。

解説 refrain from *doing* で「〜を控える」の意味。第2文に however とあり、「飲食スペースがある」と述べられているので、館内の飲食について述べた第1文とは逆の内容になっているはず。**4**「〜を控える」が適切。relent「弱まる」、release「〜を解放する」、entitle「〜に権利を与える」

(7) 解答　**2**

ネコはトリに跳びかかろうとしたが、突然道路からの車の騒音がトリを<u>驚かし</u>、トリは安全な場所へと飛び去った。

解説 車の騒音でトリは飛び去ったのだから、startled「〜を驚かした」が適切。deported「〜を国外退去させた」、speculated「〜と推測した」、swelled「〜を増大させた」

(8) 解答　**3**

委員会は、大学図書館を取り壊して新しいものを建てるという提案を受け入れることを<u>満場一致</u>で決めた。決定に異議を唱えたものは誰ひとりいなかった。

解説 第2文の「異議を唱えたものはいない」がヒントとなる。unanimously「満場一致で」とすると自然。drastically「大々的に」、conspicuously「著しく」、lamely「不十分に、弱々しく」

29 エッセイ（文化・社会）❶

ラ・トマティーナ

スペインの小さな町で行われるユニークなお祭りがあります。

つきっきり英文解説 29-1 〜29-3

モデル音声と解説を聞いて、英文の内容を確認しよう。
大事なところはメモを取ろう。

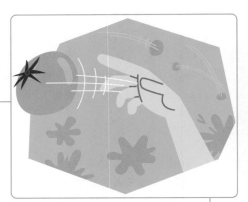

Every year on the last Wednesday of August, tens of thousands of people **descend on** the tiny Spanish town of Buñol to **participate** in the largest food fight in the world—La Tomatina.

Supposedly originating from a street fight in 1945, La Tomatina is a tomato-throwing festival in which **participants hurl ripe** tomatoes at each other. Close to 40 tons of tomatoes are thrown during this **frenzied, anarchic** tomato battle.

The festival was briefly **banned** in the early 1950s for lacking **religious significance**. But the popularity of the fight lived on, and in the late 1950s, it became an officially **sanctioned** event.

英文の訳

　毎年8月の最終水曜日、世界最大のフードファイト、ラ・トマティーナに参加するために、スペインの小さな町ブニョールを何万人もの人々が訪れます。

　おそらく1945年にあった路上でのけんかが起源とされるラ・トマティーナは、参加者が熟したトマトをお互いに投げつけ合うトマト投げの祭りです。この熱狂的で無秩序なトマトバトルでは40トン近いトマトが投げられます。

　このお祭りは、宗教的な意義に欠けるという理由で、1950年代初頭の短い間禁止されていました。しかしこの交戦の人気はおとろえず、1950年代後半には公式に認可されたイベントとなりました。

文法と表現

a tomato-throwing festival in which 〜
〈前置詞＋関係代名詞〉
La Tomatina is a tomato-throwing festival. という文に、説明として Participants hurl ripe tomatoes at each other <u>in the festival.</u> が加わっていると考える。これらを関係代名詞で1文にすると … in which 〜 の形になる。

次はトレーニング！

合格直行!
Nobu's トレーニング

一緒に声に出して
マスターしよう!

 単語・表現チェック >>>>>>> 29-4

英検によくでるものを集めました。先生のあとに英語を繰り返そう。

□ **descend on ～**	（集団で）～を訪れる
□ **descend**	動 降りる、下降する
□ **descent**	名 下降、下り坂、堕落
□ **participate**	動 参加する〈in ～に〉
□ **supposedly**	副 おそらく、一般に考えられているところでは
□ **originate**	動 生じる、由来する
□ **participant**	名 参加者
□ **hurl**	動 を強く投げつける、をほうり投げる
□ **ripe**	形 熟した
□ **frenzied**	形 熱狂的な、非常に興奮した
□ **frenzy**	名 激高［≒ madness, delirium］、狂乱
□ **anarchic**	形 無秩序な、無政府状態の
□ **anarchy**	名 無政府状態
□ **ban**	動 を（公式に）禁止する　名 禁止（令）［≒ prohibition］
□ **religious**	形 宗教（上）の［≒ spiritual］、信仰が厚い［≒ devout, pious］
□ **sanction**	動 を認可する　名 認可［≒ approval, permission, authorization］、（通例 ～s）制裁（措置）［≒ penalty, punishment］

 見ながらリピート >>>>>>>>> 29-5

英文を見ながら、先生のあとに英語を言ってみよう。

Excuse me.
Excuse me.

 見ないでリピート >>>>>>>>> 29-6

英文を見ずに、先生のあとに英語を言ってみよう。

Excuse me.
Excuse me.

 しあげのシャドーイング >>> 29-7

英文を見ずに、先生の声の直後を追いかけて英語を言ってみよう。

Excuse me. I want to...
Excuse me. I want to...

30 オンライン会議

インターネットによる遠隔会議には、長所と短所があります。

つきっきり英文解説

 30-1 〜30-3

モデル音声と解説を聞いて、英文の内容を確認しよう。
大事なところはメモを取ろう。

Communication technology is **constantly** being **updated**. Now, more and more people are holding meetings online instead of getting together face-to-face. The advantages of **virtual** meetings are **obvious**. **Multiple** people in different locations can meet **immediately**. **Attendees** can cut travel costs and save time. Large-scale meetings can be held without any space **constraints**.

For all their **benefits**, however, online meetings have their **downsides**. Online meetings can be **frustrating** if technical **issues arise** and the meeting is **halted**. Users also point out that it can be harder to pick up **subtle** conversational **cues**, such as tone of voice and gestures, when conversing through a screen.

英文の訳

　通信技術は絶えず更新されています。今や、顔を合わせて集まる代わりにオンラインで会議を開く人たちがどんどん増えています。バーチャル会議の利点は明らかです。異なる場所にいる複数の人たちが即座に会うことができます。出席者は旅費を削減し、時間を節約することができます。スペースの制約を受けずに大規模な会議を開催することもできます。

　しかし、さまざまな利点がある反面、オンライン会議には否定的な面もあります。オンライン会議では、技術的な問題が生じて会議が中断され、イライラすることがあります。また、画面をとおしての会話では、声のトーンやジェスチャーなどの微妙な会話上の合図を拾うのがより難しい場合がある、とユーザーは指摘します。

文法と表現

more and more people are holding
〈「ますます〜」の言い方〉

more and more 〜 は「ますます（多くの）〜」という意味。現在の社会傾向などを述べる文章で、現在進行形と組み合わせて More and more people are doing 〜.「ますます多くの人たちが〜するようになっている。」の形でよく使われる。

次はトレーニング！

Nobu's トレーニング

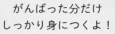
がんばった分だけ
しっかり身につくよ！

 単語・表現チェック >>>>>>> 30-4

英検によくでるものを集めました。先生のあとに英語を繰り返そう。

□ **constantly**	副 絶えず
□ **update**	動 を最新のものにする、をアップデートする
□ **virtual**	形 仮想の、事実上の
□ **virtually**	副 実質的に［≒ practically, effectively］、ほとんど［≒ almost, nearly］
□ **obvious**	形 明らかな［≒ clear, plain］
□ **multiple**	形 複数の
□ **immediately**	副 即座に
□ **immediate**	形 即座の［≒ instant, prompt］、目下の［≒ current］
□ **constraint**	名 制約、束縛［≒ restriction］
□ **for all ～**	～にもかかわらず［≒ in spite of, despite］、～を考慮しても
□ **downside**	名 否定的側面、弱点
□ **frustrating**	形 欲求不満を起こさせる
□ **arise**	動 起こる［≒ occur］、出現する［≒ emerge］
□ **halt**	動 を停止［中止］させる［≒ stop, suspend］
□ **subtle**	形 微妙な［≒ fine, delicate］、かすかな［≒ faint］
□ **cue**	名 合図、きっかけ［≒ signal, sign, prompt, reminder］

 見ながらリピート >>>>>>>>> 30-5

英文を見ながら、先生のあとに英語を言ってみよう。

Excuse me.
Excuse me.

 見ないでリピート >>>>>>>>> 30-6

英文を見ずに、先生のあとに英語を言ってみよう。

Excuse me.
Excuse me.

 しあげのシャドーイング >>> 30-7

英文を見ずに、先生の声の直後を追いかけて英語を言ってみよう。

Excuse me. I want to...
Excuse me. I want to...

Passages: 2 questions each / Multiple-choice

E04

(A)

No. 1
   1 People in poorer countries were more honest.
   2 People kept wallets but returned the money inside.
   3 Empty wallets were more likely to be kept.
   4 All the wallets were returned.

No. 2
   1 People hoped they might get a reward.
   2 People felt sorrier for those who lost money.
   3 People did not want to admit they needed money.
   4 People were concerned they might be accused of stealing.

(B)

No. 3
   1 Boys aged nine.
   2 Boys aged four.
   3 Girls aged nine.
   4 Girls aged four.

No. 4
   1 Schools provide them with plenty of knowledge.
   2 Their parents ignore them.
   3 Mothers do not give precise explanations.
   4 Education emphasizes that they should give answers.

(C)

No. 5
   1 The origins of street names.
   2 The shortest routes to places.
   3 The history of famous sights.
   4 The best restaurants in the city.

No. 6
   1 The strict laws on taxi driving.
   2 The increasing difficulty of tests.
   3 The rise in unqualified drivers.
   4 The cost of taking their examinations.

解答・解説

(A)

The Wallet Experiment

If you found a wallet, would you be more likely to return it if it were empty or if it contained money? Most economists believe that the more money a wallet contains, the more likely people are to keep it. They were surprised, therefore, by the results of an experiment designed to test this. Over two years, in forty different countries, researchers studied lost wallets, all of which included the owners' email addresses. Some contained money and some did not.

To the researchers' surprise, the more money the wallets contained, the more likely they were to be returned. The researchers suggested two reasons for this. One was human kindness. When people thought about the wallets' owners, they felt that the owners would be more upset if they lost money. The other was people's awareness of their self-image. Keeping a wallet containing money felt more like stealing, and supposedly people did not want to think of themselves as thieves.

Questions

No. 1 Why were the researchers surprised?
No. 2 What was one explanation of the result?

財布の実験

もしも財布を見つけて、それが空だったら、あるいはお金が入っていたら、どちらだったら返す可能性が高いだろうか。経済専門家の大部分は、財布に多額のお金が入っていればいるほど人は手元にとっておくと考える。それゆえ、これを試すために計画された実験結果に、彼らは驚いた。2年をかけ、40の異なる国々で、研究者たちは持ち主のEメールアドレス入りの紛失した財布について研究した。それらの財布はお金が入っているものとそうでないものがあった。

研究者たちの驚いたことには、財布に多額のお金が入っていればいるほど、戻ってくる率が高かった。研究者たちはこのことに2つの理由を示した。1つは人間の優しさだった。人々は財布の持ち主について考えて、お金をなくしたらより動揺するだろうと感じたのだ。もう1つは人々のセルフイメージへの意識だった。お金が入っている財布を手元にとっておくのは盗みのように感じ、自分のことを泥棒だとは思いたくなかったのであろう。

No. 1 解答 **3**

「研究者たちはなぜ驚いたのか。」

1 貧困国の人々のほうが正直だった。

2 人々は財布は手元にとっておいたが中のお金は返した。

3 財布が空だと手元にとっておかれる可能性が高かった。

4 全部の財布が戻った。

>解説 質問の内容は、中盤の To the researchers' surprise, the more money the wallets contained, the more likely they were to be returned. にある。この内容を言い換えた **3** が正解。

No. 2 解答 **2**

「結果の説明の1つは何か。」

1 人々は返礼をもらえるのではないかと期待した。

2 人々はお金をなくした人により同情した。

3 人々はお金が必要なのを認めたくなかった。

4 人々は盗んだことを非難されるのではないかと心配した。

>解説 後半部分に実験結果の理由が2つ説明されている。「その1つは人間の優しさだった」と述べたあと、When people thought about the wallets' owners, 〜 以下でその内容をくわしく述べている。したがって **2** が正解。

(B)

Children's Questions

Anyone with small children knows that they ask a lot of questions. According to a survey of 1,000 mothers of children between the ages of two and ten, carried out in the UK, children asked their mothers an average of 299 questions a day. Moreover, 82 percent asked their mothers rather than their fathers. The ones who asked the most questions were little girls aged four. They asked, on average 390 questions—one every two minutes. The other extreme was boys aged nine, who only asked 144.

Other studies have shown that when children ask questions, they are looking for real answers, and not just making conversation. However, by middle school, most children have almost completely stopped asking questions. What, then, halts children? Some specialists blame school itself. They say school rewards children for answering questions and not for asking them. This, they fear, helps to kill children's creativity.

Questions

No. 3 Which group of children asked the fewest questions?

No. 4 According to some specialists, why do children eventually stop asking questions?

子どもの質問

　幼い子どもをもつ人なら誰でも、子どもがたくさん質問をすることを知っている。英国で行われた、2歳から10歳の子の母親1,000人を対象とした調査によれば、子どもは母親に1日に平均299の質問をした。そのうえ、82％が父親よりも母親に質問した。もっとも多く質問したのが4歳の女の子たちだった。彼女らは平均390、つまり2分に1回質問をしたのである。正反対なのが9歳の男の子で、こちらは144回しか質問しなかった。

　ほかの研究では、子どもが質問をするときは、ただ会話をしたいのではなく、ほんとうの答えを求めていることが明らかになっている。しかし、中学校までに大部分の子どもがほぼ完全に質問するのをやめてしまう。では、子どもが質問することをやめているのは何か。学校を責める専門家もいる。質問をするのではなく、質問に答えることで、学校は子どもに見返りを与えると彼らは言う。これが子どもの創造性をそぐことを促進していると専門家は危惧している。

No. 3 解答　**1**

「どの子どもたちがもっとも質問しなかったか。」

1 9歳の男の子。　　　　　　　　　　　**2** 4歳の男の子。

3 9歳の女の子。　　　　　　　　　　　**4** 4歳の女の子。

解説　前半で4歳の女の子がもっとも多く質問したことが述べられたあと、The other extreme was boys aged nine, who only asked 144. とあるので、正解は**1**。

No. 4 解答　**4**

「一部の専門家によると、子どもたちはなぜやがて質問するのをやめるのか。」

1 学校が彼らにたくさんの知識を与える。

2 親が子どもを無視する。

3 母親が正確な説明をしない。

4 教育が、子どもたちが答えを出すことを重要視する。

解説　終盤のThey say school rewards children for answering questions and not for asking them. に答えがある。したがって、これを言い換えた**4**が正解。

(C)

The Knowledge

London's distinctive black taxi cabs are famous throughout the world. What many people do not know, however, is that becoming a driver of such a taxi is very difficult. This is because potential drivers must pass a series of difficult tests. In order to do so, they need to learn the names of 25,000 streets and 320 different routes. They also need to memorize the locations of 20,000 landmarks and places of interest.

This information is known as "the Knowledge," and it takes most drivers two to four years to learn it and pass the tests. Drivers are not allowed to use navigation devices, but must have the quickest routes to destinations in their heads. Not surprisingly, these taxi drivers have been annoyed by the appearance of services, such as taxi apps, whose companies employ drivers that have not passed any examinations. They want such drivers to be banned from taking passengers.

Questions

No. 5 What are London's taxi drivers tested on?
No. 6 What has made the taxi drivers angry?

ザ・ナレッジ

ロンドンの独特な黒いタクシーは、世界中で有名である。しかし、このようなタクシーの運転手になるのが非常に難しいということを、多くの人は知らない。運転手になる可能性のある人は一連の難しいテストに合格しなければならないのだ。合格するためには、25,000の通りの名前と320の異なるルートを覚える必要がある。さらに、20,000のランドマークや名所の場所を記憶している必要もある。

この情報は「ザ・ナレッジ」として知られ、学習してテストに合格するのに多くの運転手は2年から4年かかる。運転手はカーナビ装置を使うことは許されず、頭の中に目的地への最短のルートを記憶しておかなくてはならない。当然のことながら、こうしたタクシー運転手たちは、どんな試験にも合格していない運転手を雇っている会社が運営しているタクシーアプリのようなサービスの出現に腹を立てている。彼らは、このような運転手たちが乗客を乗せることを禁止されるのを望んでいる。

No. 5 解答 **2**

「ロンドンのタクシー運転手は何をテストされるのか。」

1 通りの名前の起源。　　　　　　　　　**2** 目的地への最短のルート。

3 名所の歴史。　　　　　　　　　　　　**4** 市内でもっともよいレストラン。

解説 テストの内容は1段落目のIn order to do so, 〜 以下に説明されている。さらに2段落目でDrivers are not allowed to use navigation devices, but must have the quickest routes to destinations in their heads.とある。選択肢**2**はこの内容を言い換えたもの。

No. 6 解答 **3**

「何がタクシー運転手を怒らせているか。」

1 タクシー運転に関する厳しい法律。　　　**2** テストの難しさが増していること。

3 無資格の運転手の増加。　　　　　　　　**4** 試験を受ける費用。

解説 終盤のNot surprisingly, these taxi drivers have been annoyed 〜 以下に答えがある。whose companies employ drivers that have not passed any examinationsを言い換えた**3**が正解。

31

エッセイ（自然・理系）❶

ネコと人間の歴史

ネコはいつから人間と共存するようになったのでしょうか。

 つきっきり英文解説   31-1 〜31-3

モデル音声と解説を聞いて、英文の内容を確認しよう。
大事なところはメモを取ろう。

House cats are generally known for their **tame behavior**, but they are actually **offspring** of wild **ancestors** with **fierce** hunting **instincts**. How did cats begin to **coexist** so peacefully with people?

Fossil records from early human **settlements** suggest that **domestication** may have occurred **roughly** 10,000 years ago in the Middle East. Around this time, **grains** began to be stored in houses. This attracted mice, which in turn brought wild cats looking to **prey** on the mice. Humans did not mind the cats as they proved useful as **rodent** hunters. This **proximity** between humans and cats, combined with the cats' **inherent** social nature, likely led to the **gradual taming** of cats.

英文の訳

　イエネコは一般的には飼いならされた行動をすることで知られていますが、実はどう猛な狩猟本能をもった野生の祖先の子孫なのです。ネコはどのようにしてこんなにも平和的に人間と共存するようになったのでしょうか。

　人間の初期の集落で発見された化石資料は、中東でおよそ１万年前に飼い慣らされ始めていたかもしれないことを示しています。この時代あたりから、穀物が家の中に貯蔵されるようになりました。これがネズミを引き寄せ、その結果、そのネズミを捕食しようとする野生のネコが寄ってきました。げっ歯類を捕ってくれる存在として有益だとわかったので、人間はネコのことを気にしませんでした。このように人間とネコの間の距離が近かったことが、ネコの生来の社会性とあいまって、徐々にネコを飼い慣らすことにつながったようです。

文法と表現

may have occurred
〈過去の可能性の表し方〉

〈may have ＋過去分詞〉は「～したかもしれない」「～だったかもしれない」の意味で、過去のことに対する推量を表す。〈might have ＋過去分詞〉も同様の意味で、may よりも低い可能性を表すときに使う。

次はトレーニング！

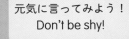

合格直行！
Nobu's トレーニング

単語・表現チェック >>>>>>> 📱 31-4

英検によくでるものを集めました。先生のあとに英語を繰り返そう。

☐ **tame**	形 飼い慣らされた、退屈な　動 飼い慣らす
☐ **behavior**	名 行動
☐ **behavioral**	形 行動の
☐ **offspring**	名 （集合的に）子孫 [≒ descendant]、子ども
☐ **ancestor**	名 祖先、先祖
☐ **instinct**	名 本能
☐ **coexist**	動 共存する
☐ **settlement**	名 集落、開拓地、解決、合意
☐ **domestication**	名 飼い慣らすこと
☐ **roughly**	副 おおよそ [≒ approximately]、乱暴に [≒ violently]
☐ **grain**	名 穀物
☐ **prey**	動 捕食する、えじきにする〈on 〜を〉　名 えじき [≒ quarry, kill, victim]
☐ **rodent**	名 げっ歯類
☐ **proximity**	名 近いこと [≒ closeness, nearness, adjacency, vicinity]、接近
☐ **inherent**	形 生来の、固有の [≒ intrinsic, innate]
☐ **gradual**	形 徐々の、少しずつの

見ながらリピート >>>>>>>>>> 📱 31-5

英文を見ながら、先生のあとに英語を言ってみよう。

見ないでリピート >>>>>>>>>> 📱 31-6

英文を見ずに、先生のあとに英語を言ってみよう。

しあげのシャドーイング >>> 📱 31-7

英文を見ずに、先生の声の直後を追いかけて英語を言ってみよう。

32 イルカと鏡

イルカの知性について、新たな発見がありました。

つきっきり英文解説 32-1 ～32-3

モデル音声と解説を聞いて、英文の内容を確認しよう。
大事なところはメモを取ろう。

When a dog sees itself in the mirror, it does not think that the image is itself. It thinks that it is another dog. **Recognizing** oneself in the mirror **requires** high **intelligence**, and until recently, only animals like chimpanzees and gorillas were believed to have this ability.

However, it **turns out** that dolphins also share this **trait**. When researchers made markings on the body of two dolphins, the dolphins **gazed** into the mirror, **confirming** the **precise** location of the markings. This showed that dolphins had a **keen awareness** of their own bodies.

The researchers hope that such findings of dolphin **intelligence** could help to **discourage** people from **slaughtering** these **sensitive** animals.

英文の訳

　イヌは鏡に映った自分の姿を見ても、その像が自分自身であるとは思いません。別のイヌだと考えます。鏡の中の自分自身を認識するには高い知能を必要とし、最近までは、チンパンジーやゴリラのような動物だけがこの能力をもっていると考えられていました。

　しかし、イルカもこの特徴をもっていることがわかりました。2頭のイルカの体に研究者が印を付けたところ、イルカたちは鏡をじっと見て、その印の正確な位置を確かめたのです。これは、イルカが自分自身の体を鋭く認識していることを示していました。

　研究者たちは、イルカの知性に関するこういった発見により、人々がこの敏感な動物たちの虐殺を思いとどまることを願っています。

文法と表現

discourage people from slaughtering
〈discourage の使い方〉
discourage には「を落胆させる」のほかに「に思いとどまらせる」という意味もあり、〈discourage ＋人 ＋ from *doing*〉で「（人）に～するのを思いとどまらせる、～する気をなくさせる」の意味。反対に〈encourage ＋人＋ to *do*〉は「（人）を～するよう励ます、～するように仕向ける」という意味。

次はトレーニング！

合格直行！
Nobu's トレーニング

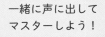
一緒に声に出して
マスターしよう！

 ① 単語・表現チェック >>>>>> ▶ 32-4

英検によくでるものを集めました。先生のあとに英語を繰り返そう。

☐ **recognize**	動 を認識する、を見分ける
☐ **recognition**	名 認めること、認識、承認
☐ **intelligence**	名 知能、知性
☐ **intelligent**	形 知能の高い、利口な ［≒ clever, bright, smart］
☐ **turn out**	〜であることが判明する ［わかる］［≒ prove］、 （催しなどに）集まる ［≒ assemble, gather］
☐ **trait**	名 特徴、特色 ［≒ feature, characteristic］
☐ **characteristic**	名 （しばしば 〜s）特徴 ［≒ feature, trait］
☐ **gaze**	動 じっと見る
☐ **confirm**	動 を確認［確証］する ［≒ verify, prove］、を確言する ［≒ affirm, assure］
☐ **precise**	形 正確な ［≒ exact, accurate, correct］、厳格な ［≒ strict, rigorous］
☐ **keen**	形 鋭い ［≒ sharp, acute］、熱望して ［≒ eager, anxious］
☐ **awareness**	名 認識、意識 ［≒ consciousness, recognition, realization, perception］
☐ **slaughter**	動 を虐殺する、を畜殺する ［≒ butcher, massacre］
☐ **sensitive**	形 敏感な ［≒ responsive］、傷つきやすい

☑

 ② 見ながらリピート >>>>>>>>> ▶ 32-5

英文を見ながら、先生のあとに英語を言ってみよう。

Excuse me.
Excuse me.

☑

 ③ 見ないでリピート >>>>>>>>> ▶ 32-6

英文を見ずに、先生のあとに英語を言ってみよう。

Excuse me.
Excuse me.

☑

 ④ しあげのシャドーイング >>> ▶ 32-7

英文を見ずに、先生の声の直後を追いかけて英語を言ってみよう。

Excuse me. I want to...
Excuse me. I want to...

☑

111

Passages: 2 questions each / Multiple-choice

E05

(A)

No. 1
1 Dogs take time to learn commands.
2 Dogs go through a disobedient phase.
3 Dogs do not like teenagers.
4 Dogs need to be treated with affection.

No. 2
1 Become stricter when training their dogs.
2 Take dogs to an animal shelter for help.
3 Wait until dogs mature before buying them.
4 Keep dogs until they settle down again.

(B)

No. 3
1 Pollution causes rain on weekends.
2 Over time it has begun to rain more.
3 Coastal areas tend to be wetter.
4 Rain makes the atmosphere cleaner.

No. 4
1 They do not easily forget bad weather.
2 They often watch the weather report then.
3 Their cars seem to be dirtier then.
4 A weather expert claimed in 2007 that it was rainier then.

(C)

No. 5
1 His new technique had a greater impact than regular advertising.
2 Viewers could be influenced unconsciously.
3 The method was very cost-effective.
4 Governments were brainwashing citizens.

No. 6
1 Governments adopted Vicary's idea.
2 Vicary's technique was widely rejected.
3 Companies did not like the proposal.
4 Subliminal advertising did not actually work.

解答・解説

(A)

Difficult Dogs

As everybody knows, many teenagers go through a difficult phase between the ages of 15 and 17. They become rebellious, disobedient and moody. Now research has shown that exactly the same thing happens with dogs. The researchers at Newcastle University tested two groups of dogs. One group consisted of 82 dogs that were five months old, and the other had 80 dogs that were eight months old.

It turned out that the older dogs, who were becoming physically mature, were twice as likely to ignore commands. The scientists believe that such behavior shows that the dogs are testing their relationships with their owners. Sadly, many people do not recognize this phase, and are unaware that their dogs may return to having good behavior afterwards. That is why most dogs given to animal shelters are ones at this age. The scientists hope that their research will lead people to be more patient with their adolescent dogs.

Questions

No. 1 What did the scientists discover?
No. 2 What do the researchers most likely want people to do?

難しいイヌたち

周知のとおり、多くのティーンエイジャーが15歳から17歳の年ごろに難しい段階を経験する。彼らは扱いにくく、反抗的で、不機嫌になる。現在、研究で、まったく同じことがイヌにも起こることがわかってきた。ニューカッスル大学の研究者たちが2つのグループのイヌをテストした。片方のグループは生後5か月のイヌ82匹、もう一方は生後8か月の80匹のイヌで構成されていた。

肉体的に大人になりつつある年長のイヌのほうが、2倍命令を無視する傾向にあるということがわかった。科学者たちは、このような行動は、イヌが飼い主との関係を試していることを示していると考えている。残念ながら、多くの人がこの段階を認識しておらず、イヌがのちにまたよい行動をするようになるということに気づいていない。だから、動物シェルターに送られるイヌのほとんどが、この年ごろなのだ。科学者たちは、研究のおかげで人々が青年期のイヌに対してもっと辛抱強くなってくれることを願っている。

No. 1 解答 **2**

「科学者たちは何を発見したか。」

1 イヌは命令を学ぶのに時間がかかる。　　**2** イヌは反抗的な段階を経験する。

3 イヌはティーンエイジャーが嫌いである。　**4** イヌは愛情をもって扱われる必要がある。

解説 冒頭に、人間は思春期にさしかかると「扱いにくく、反抗的で、不機嫌になる」とある。続いて Now research has shown that exactly the same thing happens with dogs. と述べられている。したがって、**2**が正解。

No. 2 解答 **4**

「研究者たちは人々におそらくどうしてほしいと思っているか。」

1 イヌをしつけるときにより厳しくする。

2 助けを求めて動物シェルターにイヌを連れていく。

3 買う前にイヌが大人になるまで待つ。

4 またイヌが落ち着くまで飼う。

解説 最後の部分 The scientists hope that their research will lead people to be more patient with their adolescent dogs. から、この内容を簡単に言い換えた**4**が正解。

(B)

Weekend Weather

It often seems that it is sunny during the week, when we are at work, and then rains on the weekend when we are free. In 1998, two scientists at the University of Arizona argued that this was in fact true. They looked at the weather on America's east coast from 1979 to 1995 and found that it had rained 22 percent more on Saturdays than Mondays. They argued that the buildup of pollution in the air during the week made rain more likely on the weekend.

Later research, though, disproved this. In 2007, weather expert David Schultz looked at more than 200 weather stations across the US and found no such pattern. Moreover, other scientists say pollution has very little effect on rainfall. According to scientist Angeline Pendergass, the true explanation is probably psychological. People are upset by wet weather on weekends, and so they tend to remember it more.

Questions

No. 3 What did scientists argue in 1998?
No. 4 What is a likely reason people think it rains more on the weekend?

週末の天気

平日、仕事をしている間は晴れていて、自由ができる週末になると雨が降ることが、よくあるように思える。1998年、アリゾナ大学の2人の科学者が、これはほんとうに正しいと主張した。彼らは1979年から1995年までのアメリカ東海岸の天気を調べ、月曜日より土曜日のほうが22％多く雨が降るということを発見したのだ。2人は平日の間の空気汚染の積み重ねのせいで、週末に雨が降りがちになると主張した。

しかしのちの研究が、この説が誤りであることを証明した。2007年、気象専門家のデビッド・シュルツがアメリカ国内の200以上の測候所を調べた結果、そのようなパターンはないことがわかった。加えて、大気汚染は降雨にほとんど関係がないという科学者もいる。科学者アンジェリーン・ペンダーガスによれば、ほんとうの理由はおそらく精神的なものだ。人は週末の雨天に動揺するので、そのことをよく覚えている傾向にあるということだ。

No. 3 解答　**1**

「1998年に科学者たちは何を主張したか。」

1 汚染が週末に雨を降らせる。
2 時がたつにつれて雨が多くなり始める。
3 海岸地方はより雨が降りがちだ。
4 雨は大気をよりきれいにする。

解説 前半で2人の科学者が月曜日より土曜日のほうが多く雨が降ることを発見し、週末に雨が降りがちなのはthe buildup of pollution in the air during the week made rain more likely on the weekendと主張したと述べているので、**1**が正解。east coastが出てくるが、論点は週末の雨の量であり、海岸地方の雨量について述べてはいないので、**3**は不適。

No. 4 解答　**1**

「人々が週末に雨が多いと思う理由と思われるものは何か。」

1 彼らは悪天候を忘れづらい。
2 彼らは週末によく天気予報を確認する。
3 週末、彼らの車がより汚く見える。
4 気象専門家が2007年に週末にはより雨が降ると主張した。

解説 最後の部分に答えがある。People are upset by wet weather on weekends, and so they tend to remember it more. の後半部分を言い換えている**1**が正解。

(C)

Subliminal Advertising

On the 12th of September, 1957, an American market researcher, James Vicary, held a press conference in New York. He announced that he had carried out an experiment in a movie theater. During the movie, he had flashed ads for popcorn and soft drinks on the screen. These ads were too fast for viewers to notice, but unconsciously they were influenced. Sales of the soft drink and popcorn rose. Vicary called his technique "subliminal advertising."

Vicary hoped that the advertising industry would embrace this new technique. Instead, he was met with an outpouring of criticism. People denounced him for "brainwashing," and subliminal advertising was banned in some countries. The irony, though, was that Vicary's experiment was a fake, and he later confessed that he had invented the results. In fact, researchers so far have been unable to find any convincing evidence that subliminal advertising works.

Questions

No. 5 What did Vicary claim?
No. 6 What was the irony?

サブリミナル（意識下）広告

1957年9月12日、アメリカの市場研究者ジェイムズ・ビカリーはニューヨークで記者会見を開いた。彼は映画館で実験を行ったと発表した。映画の間、ポップコーンとソフトドリンクの広告を画面に点滅させた。これらの広告は速すぎて見ている人が気づかないほどだったが、無意識に彼らは影響を受けていた。ソフトドリンクとポップコーンの売り上げが上がったのだ。ビカリーは自分のテクニックを「サブリミナル広告」と呼んだ。

ビカリーは、広告業界がこの新しいテクニックを進んで利用するのを期待していた。ところが、彼はあふれんばかりの批判を浴びた。人々は「洗脳」だと彼を非難し、サブリミナル広告は数か国で禁止された。しかし、皮肉なことに、ビカリーの実験は偽物であり、結果はでっち上げたものだと彼はのちに告白した。実際、これまでのところ、研究者たちはサブリミナル広告に効果があるという説得力ある証拠を見つけることができていない。

No. 5 解答 **2**

「ビカリーは何を主張したか。」

1 彼の新しいテクニックは一般的な広告より大きな効果があった。

2 見ている人に気づかれることなく影響を与えられる可能性があった。

3 その方法はとても費用効率が高かった。

4 政府は国民を洗脳していた。

解説 ビカリーが映画館で実験を行った結果について述べている内容を聞きとる。These ads were too fast for viewers to notice, but unconsciously they were influenced. がビカリーの主張である「サブリミナル広告」ということなので、同じ内容となる**2**が正解。

No. 6 解答 **4**

「皮肉だったのは何か。」

1 政府はビカリーのアイデアを採用した。

2 ビカリーのテクニックは広く拒否された。

3 企業は申し出を気に入らなかった。

4 サブリミナル広告は実は効果がなかった。

解説 質問の内容は終盤のThe irony, though, was that 〜 以下に説明されている。ビカリーの実験結果はでっち上げたものであり、研究者たちもこれまでのところその効果を示す証拠を見つけることができていない、という内容。これに一致するのは**4**。

33 説明文（人間の行動・挑戦）❶
女性ランナーの挑戦

かつて、マラソン競技への女性の参加は認められていませんでした。

つきっきり英文解説 33-1 ～33-3

モデル音声と解説を聞いて、英文の内容を確認しよう。
大事なところはメモを取ろう。

In America, women were long **prohibited** from **competing** in marathons. This was **due to** a common **perception** that women's bodies could not **endure** such **intense** physical stress. Amateur runner Bobbi Gibb, however, strongly disagreed with this view, and wanted to prove that it was possible.

In 1966, Bobbi **sneaked** into the Boston Marathon, the oldest marathon in America. She fought against extreme **fatigue** and **dehydration** to finish the race in the top one-third of the group, **shattering** the traditional belief that women were **unfit** for marathons.

Although her **accomplishment** did not receive official **recognition** from the organizers, Bobbi made headlines as the first female to run and finish the Boston Marathon. Her actions **subsequently** led to the **inclusion** of women in **competitive** marathon running.

英文の訳

　アメリカでは、女性がマラソン競技に出場することが長い間禁止されていました。これは、女性の体がその激しい肉体的ストレスに耐えられないという共通認識によるものでした。しかし、アマチュアランナーのボビー・ギブは、この考えに強く反対し、それが可能であることを証明したいと思っていました。

　1966年、ボビーはアメリカ最古のマラソン大会であるボストンマラソンに忍び込みました。彼女は極度の疲労と脱水症状と闘いながらも、上位3分の1以内で完走し、女性はマラソンに適さないという従来の考えを打ち砕きました。

　彼女の成績は主催者から公式な認定を受けられませんでしたが、ボビーはボストンマラソンを完走した初の女性として新聞の見出しを飾りました。彼女の行動はその後、競技としてのマラソンに女子が含まれることにつながりました。

次はトレーニング！

合格直行！
Nobu's トレーニング

がんばった分だけ
しっかり身につくよ！

① 単語・表現チェック >>>>>>> ▶ 33-4

英検によくでるものを集めました。先生のあとに英語を繰り返そう。

□ **prohibit**	動 を禁止する［≒ forbid, ban］
□ **compete**	動 競争する
□ **perception**	名 認識、知覚［≒ awareness, recognition］
□ **endure**	動 に耐える、を我慢する［≒ bear, stand, tolerate］、 存続する［≒ continue, last, persist］
□ **intense**	形 激しい、極度の［≒ extreme, fierce］
□ **sneak**	動 こっそり動く［≒ creep, slink］
□ **dehydration**	名 脱水（症状）
□ **shatter**	動 を完全に打ち砕く、を粉々にする［≒ smash］、粉々に壊れる
□ **unfit**	形 適していない
□ **accomplishment** □ **completion**	名 業績、成就 名 完成、完了［≒ accomplishment］
□ **subsequently** □ **subsequent**	副 その後 形 それに続く［≒ following, succeeding］
□ **inclusion**	名 含むこと、包含、含有

☑

② 見ながらリピート >>>>>>>>> ▶ 33-5

英文を見ながら、先生のあとに英語を言ってみよう。

☑

③ 見ないでリピート >>>>>>>>> ▶ 33-6

英文を見ずに、先生のあとに英語を言ってみよう。

☑

④ しあげのシャドーイング >>> ▶ 33-7

英文を見ずに、先生の声の直後を追いかけて英語を言ってみよう。

☑

34 説明文（人間の行動・挑戦）❷
楽しさ理論

「楽しさ」が行動を変えることを実証する取り組みがあります。

つきっきり英文解説 34-1 〜34-3

モデル音声と解説を聞いて、英文の内容を確認しよう。
大事なところはメモを取ろう。

　Given the choice, people will **routinely** choose an easy task over a more **demanding** one. For example, at subway stations, people are often seen taking the escalator instead of the stairs.

　In 2009, a car company **launched** an **initiative** called the Fun Theory to see if they could get people to choose the more difficult or **tedious** task by making it fun.

　In one experiment in Stockholm, a **staircase** located next to an escalator was **transformed** into a keyboard, each step sounding out the **corresponding** note when walked on. Interestingly, 66 percent more people chose the "piano stairs" as a result. This experiment **demonstrated** the effectiveness of **incorporating** fun when trying to change people's **behavior**.

英文の訳

　選択肢が与えられると、人々はいつも決まって、よりきつい作業よりも簡単なほうを選びます。たとえば、地下鉄の駅では、人々が階段ではなくエスカレーターに乗る姿がよく見られます。

　2009年に、ある自動車会社は楽しくすることによって、人々により困難な作業や退屈な作業を選ばせることが可能かどうかを調査する「楽しさ理論」と呼ばれる取り組みを始めました。

　ストックホルムで行われたある実験では、エスカレーターの隣にある階段を鍵盤の形に変えて、その上を歩くとそれぞれの段に対応する音が鳴るようにしました。興味深いことに、結果として66%も多くの人が「ピアノ階段」を選びました。この実験は、人々の行動を変えようとする場合に、楽しさを取り入れることの有効性を実証したのです。

次はトレーニング！

合格直行！
Nobu's トレーニング

> 元気に言ってみよう！
> Don't be shy!

 単語・表現チェック >>>>>>> 34-4

英検によくでるものを集めました。先生のあとに英語を繰り返そう。

☐ routinely	副 いつものように、決まって
☐ routine	名 決まりきった仕事、日課
☐ demanding	形 （仕事などが）骨の折れる、きつい
☐ strenuous	形 激しい、多大の努力［精力］を要する［≒ arduous, tough, demanding］
☐ initiative	名 新構想、率先、主導権［≒ lead］
☐ tedious	形 退屈な［≒ boring, dull, monotonous］
☐ staircase	名 （一続きの）階段
☐ transform	動 （外形など）を変える〈into ～に〉、（性質や機能）を変換する〈into ～に〉
☐ corresponding	形 対応する、一致する、通信［文通］する
☐ correspond	動 対応する、一致する、文通する
☐ correspondence	名 一致［≒ agreement, consistency］、通信［≒ communication］
☐ correspondent	名 （新聞・テレビなどの）通信員、特派員
☐ demonstrate	動 を論証［証明］する、を実演してみせる
☐ illustrate	動 を例示する［≒ demonstrate, exemplify］、を説明する
☐ incorporate	動 を取り入れる

☑

 見ながらリピート >>>>>>>>> 34-5

英文を見ながら、先生のあとに英語を言ってみよう。

☑

 見ないでリピート >>>>>>>>> 34-6

英文を見ずに、先生のあとに英語を言ってみよう。

☑

 しあげのシャドーイング >>> 34-7

英文を見ずに、先生の声の直後を追いかけて英語を言ってみよう。

☑

Read the passage and choose the best word or phrase from among the four choices for each blank.

Living with Wolves

In many cultures, wolves have a very negative image. They are seen as dangerous not only to livestock, such as sheep or cows, but to humans as well. In Europe, for instance, there are many folk stories, such as *Little Red Riding Hood*, in which wolves are seen as being (*1*). Perhaps this is one of the reasons why, in most European countries, all the wolves were killed off by the end of the 19th century.

Later, though, in the 20th century, in many parts of Europe, wolves started to come back. This was welcomed by many conservationists. By controlling the wild populations of deer and other animals, wolves actually benefit nature and people. Too many wild deer, (*2*), can cause great damage to trees and crops. Wolves help to keep their numbers down. For this reason, the World Wide Fund for Nature has started a campaign to try to change popular perceptions of wolves.

One initiative took place in Romania, a country with a relatively large population of wolves. Animal scientists there attached tracking devices to 15 wolves. The (*3*) of wolves is shown by the fact that five of these were quickly killed by local hunters. According to the experts, though, the tracking devices showed that wolves are actually nervous of human beings and rarely attack them. Rather, they help to keep down the populations of rats and other small animals by capturing them. The scientists hoped that the results of their study would help transform attitudes to wolves by demonstrating how beneficial they can be.

(1)
1 a part of peasant life
2 able to communicate with children
3 enemies of human beings
4 a necessary evil

(2)
1 nevertheless
2 for example
3 despite this
4 moreover

(3)
1 intense unpopularity
2 increasing danger
3 natural generosity
4 trusting character

解答・解説

オオカミと生きる

　多くの文化において、オオカミには非常に否定的なイメージがある。ヒツジやウシなどの家畜に対してばかりか、人間に対しても危険だと見なされている。たとえばヨーロッパでは、『赤ずきん』のような民話が数多くあり、その中ではオオカミたちは人間の敵とみなされている。おそらくこれが、大部分のヨーロッパの国々において、19世紀末までにすべてのオオカミが全滅させられた理由の1つだろう。

　しかしのちに20世紀になると、オオカミはヨーロッパの多くの地域に戻ってき始めた。このことは多くの自然保護活動家に歓迎された。シカやそのほかの動物たちの自然個体数を管理することで、オオカミは実のところ自然と人間のためになっているのだ。たとえば、野生のシカが多すぎると、木々や穀物に甚大な損害をもたらす可能性がある。オオカミのおかげでその数が抑えられる。この理由から、世界自然保護基金は、オオカミの一般的な認識を変えようとする運動を始めた。

　1つの新たな取り組みがルーマニアで始まった。ここはオオカミの数が比較的多い国である。同国の動物科学者が、15頭のオオカミに追跡装置を付けた。そのうち5頭が地元のハンターによってすぐに殺されたという事実に、オオカミの極度な不人気が表れている。しかし専門家によれば、実はオオカミは人間をこわがり、めったに襲わないということが追跡装置でわかったという。むしろネズミやそのほかの小動物をつかまえるため、オオカミのおかげでそれらの個体数が抑えられているのだ。オオカミがどれほど有益になりうるかを明らかにして、自分たちの研究結果をオオカミに対する態度を変える一助にしたいと、科学者たちは願った。

(1) 解答　3

1 農民の生活の一部　　　　　　　　　**2** 子どもたちと意思疎通ができる
3 人間の敵　　　　　　　　　　　　　**4** 必要悪

解説 ▶ 空所にはオオカミがヨーロッパでどのように見られているかが入る。冒頭に In many cultures, wolves have a very negative image. とあり、そのあとに具体的な例として『赤ずきん』のような民話が数多くある、と述べられていることから、**3**が適切。

(2) 解答　2

1 それにもかかわらず　　　　　　　　**2** たとえば
3 それなのに　　　　　　　　　　　　**4** そのうえ

解説 ▶ 空所の前文には「オオカミはシカやそのほかの野生動物の自然個体数を管理する役割を果たして、実は人間のためになっている」と述べ、空所後では、そのシカが多すぎる場合の害について説明している。つまり実例を示しているので、**2**を入れると文の流れが整う。

(3) 解答　1

1 極度な不人気　　　　**2** 増す危険　　　　**3** 生来の気前のよさ　　　**4** 信じやすい性格

解説 ▶ 「ルーマニアで15頭のオオカミに追跡装置を付けたところ、そのうちの5頭がすぐに地元ハンターに殺された」という事実を考えると、**1**が適切。

「一人前の男になる」プログラム

若者の悩みに寄り添い、犯罪の減少にもつながっているプログラムがあります。

つきっきり英文解説

 35-1
～35-3

モデル音声と解説を聞いて、英文の内容を確認しよう。
大事なところはメモを取ろう。

Gun violence is a **pressing issue** in America, where an average of 100 people are killed with guns every day. In a 2017 survey in Chicago, parents **identified** neighborhood gun violence as the number one **concern** they had for children and **adolescents** in the city, **beating out bullying** and poverty.

Many community organizations are working on reducing gun violence and crime. One program showing **promising** results is Becoming a Man (BAM). **Launched** in Chicago in 2001, BAM offers personal guidance to young men most **susceptible** to **external** negative influences, helping them **navigate** difficult **circumstances** at school and on the streets. The program gives young men a safe space to openly express themselves, receive support, and develop **essential** social skills. Studies show that the program has **contributed to** a 50 percent **reduction** in violent crime **arrests** in Chicago.

英文の訳

　毎日平均100人が銃によって死亡しているアメリカでは、銃による暴力は緊急の課題です。2017年にシカゴで行われた調査で、親たちは、子どもや青年期の世代に抱いている第一の心配事として、いじめや貧困ではなく近隣地域の銃暴力を選びました。

　多くの地域の組織が銃暴力と犯罪の削減に取り組んでいます。有望な結果を示しているプログラムの1つがBecoming a Man（BAM）です。2001年にシカゴで開始されたBAMは、外部からの悪影響をもっとも受けやすい若い男性に個人的な指導を提供し、学校や街での困難な状況を乗り切るのを支援します。この

プログラムは、若い男性が自分自身を素直に表現し、サポートを受け、必要不可欠な社会的スキルを身につけるための安全な空間を提供しています。研究によると、このプログラムはシカゴでの暴力犯罪による逮捕件数を50％減少させることに貢献してきています。

次はトレーニング！

合格直行！

Nobu's トレーニング

一緒に声に出して
マスターしよう！

1 単語・表現チェック >>>>>> ▶ 35-4

英検によくでるものを集めました。先生のあとに英語を繰り返そう。

□ **pressing**	形 緊急の、差し迫った
□ **identify**	動 を特定する、を確認する［≒ recognize］、を同一視する
□ **adolescent**	名 青年期の人［≒ teenager］
□ **beat out 〜**	〜を打ち破る、〜を負かす
□ **bullying**	名 いじめ、（弱い者をいじめる）いじめっ子
□ **bully**	動 （弱い者）をいじめる［≒ hector］
□ **promising**	形 有望な、将来性のある
□ **susceptible**	形 影響を受けやすい［≒ vulnerable］
□ **external**	形 外部の
□ **navigate**	動 （困難など）を克服して進む、を操舵する
□ **circumstance**	名 （通例 〜s）状況、事情［≒ situation, conditions］
□ **essential**	形 必要不可欠な、本質的な
□ **indispensable**	形 不可欠な［≒ essential, vital］
□ **reduction**	名 減少［≒ decrease］、削減［≒ cut］
□ **arrest**	名 逮捕 動 を逮捕する

☑

2 見ながらリピート >>>>>>>>> ▶ 35-5

英文を見ながら、先生のあとに英語を言ってみよう。

Excuse me.
Excuse me.

☑

3 見ないでリピート >>>>>>>>> ▶ 35-6

英文を見ずに、先生のあとに英語を言ってみよう。

Excuse me.
Excuse me.

☑

4 しあげのシャドーイング >>> ▶ 35-7

英文を見ずに、先生の声の直後を追いかけて英語を言ってみよう。

Excuse me. I want to...
Excuse me. I want to...

☑

環境に優しい風船

飛ばした風船が環境に与える影響を、さまざまな人が考慮しています。

つきっきり英文解説

36-1
〜36-3

モデル音声と解説を聞いて、英文の内容を確認しよう。
大事なところはメモを取ろう。

　　Balloons can add lots of fun to parties. However, some people argue that they can also become dangerous **pollutants**. When released outdoors, balloons **eventually** come back down to the land or sea. Critics say that animals can mistake these balloons for food and **ingest** them. Further, fish and other **aquatic** animals can get **entangled** in the balloons' strings and ribbons.

　　As an environmentally-friendly solution, the balloon industry has been **dedicated** to promoting **biodegradable** latex balloons. However, experts point out that latex balloons can take more than four years to **decompose**—more than enough time to cause **fatal** damage to animals.

　　"Balloons can be fun. But they don't belong outside," warns Zoos Victoria, a **conservation** organization working to protect animals and fight wildlife **extinction** of **endangered species**. They **call for** the use of safer **alternatives** at outdoor events, such as blowing bubbles, using paper balloons, and putting up banners.

英文の訳

　風船はパーティーをとても楽しげにしてくれます。しかし、それらは危険な汚染物質にもなりうると主張する人たちもいます。屋外に放出されると、風船は最終的には陸か海に戻ってきます。批評家は、動物がこれらの風船を食べ物とまちがえて摂取してしまう可能性があると言います。それだけでなく、魚やほかの水生動物が風船のひもやリボンにからまってしまう可能性もあると言うのです。

　環境に優しい解決策として、風船業界は生分解性のラテックス（天然ゴム）風船の促進に献身的に取り組んできました。しかし、ラテックス風船は分解には４年以上かかる場合があると指摘する専門家もいて、それは動物に致命的ダメージを与えるにはじゅうぶんな時間です。

　「風船は楽しい。しかしそれらは屋外にあるべきではない」動物を保護し絶滅危惧種の野生生物の絶滅と戦うことに取り組んでいる保護団体、ズーズ・ビクトリアはこのように警告しています。彼らは屋外のイベントではシャボン玉や紙風船、横断幕を立てるなど、より安全な代替品を使用することを求めています。

次はトレーニング！

合格直行！ Nobu's トレーニング

> がんばった分だけ
> しっかり身につくよ！

① 単語・表現チェック >>>>>>> ▶ 36-4

英検によくでるものを集めました。先生のあとに英語を繰り返そう。

□ pollutant	图 汚染物質、汚染源
□ ingest	動 を摂取する
□ aquatic	形 （動植物が）水生の、水の
□ entangle	動 をもつれさせる [≒ knot, snarl]、を巻き込む [≒ involve]
□ dedicated 　□ dedicate	形 献身的な、熱心な [≒ committed, devoted] 動 をささげる
□ biodegradable 　□ degrade	形 生分解性の 動 の質 [価値] を低下させる [≒ debase]、の面目を失わせる [≒ humiliate]
□ decompose	動 を分解する [≒ resolve]、を腐敗させる [≒ rot, decay, spoil]
□ fatal	形 致命的な [≒ deadly, lethal, mortal]、破滅的な [≒ disastrous]
□ conservation 　□ conserve	图 保存 動 を保存する [≒ preserve, protect, save]
□ extinction	图 絶滅 [≒ extermination]
□ endanger	動 を危険にさらす [≒ jeopardize, risk, imperil]
□ species	图 （生物の）種 [≒ kind]
□ call for ～	～を要求する [≒ demand, ask for]、（ものが）～を必要とする [≒ require]

② 見ながらリピート >>>>>>>>> ▶ 36-5

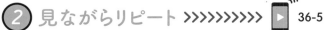

英文を見ながら、先生のあとに英語を言ってみよう。

③ 見ないでリピート >>>>>>>>> ▶ 36-6

英文を見ずに、先生のあとに英語を言ってみよう。

④ しあげのシャドーイング >>> ▶ 36-7

英文を見ずに、先生の声の直後を追いかけて英語を言ってみよう。

Read the passage and choose the best answer from among the four choices for each question.

Studying Bullies

Bullying is a common problem among children and adolescents in many countries. Because of the great unhappiness it creates, parents have been calling for schools to do more to solve the problem. As a result, some schools have introduced programs dedicated to the reduction of bullying among their students. Unfortunately, though, these programs by and large seem to have little effect. Experts suggest that one reason for this is that not many teachers actually understand why some students bully others.

Teachers often assume that bullies are students who have low self-esteem or find it difficult to make friends. Studies have shown that there are in fact two different kinds of bullies. One kind, the 'bully-victims,' are those who are themselves susceptible to being bullied by others. The other kind, the 'pure bullies,' are generally popular and have good social skills. The two kinds of bullies do have some things in common. They tend to be aggressive and bad at understanding the feelings of others. They also often see other people as hostile and make excuses for their own behavior.

In other ways, though, the two kinds are almost opposite. 'Pure bullies' tend to be popular, to have high self-esteem and high social status. They are also good at hiding their bullying behavior from teachers. The 'bully-victims,' on the other hand, tend to be unpopular, have little self-confidence, and experience other psychological problems. Moreover, the first type usually grow up to be normal, successful adults, while the latter often suffer from psychological problems later in life, too. According to experts, it is important that teachers learn to identify which type of bully a student is, and to develop appropriate methods of teaching them how to alter their behavior. Only then can a school begin to create a culture in which bullying becomes less common.

(1) What is one problem with many programs designed to reduce bullying?

1 They are based on a poor understanding of the nature of the problem.

2 They interfere too much with the students' normal school life.

3 They do not work because the teachers concerned are not interested.

4 They have little effect because the families of bullies are not involved.

(2) What is one characteristic that different kinds of bullies often have in common?

1　They find it difficult to make friends with their classmates.

2　They themselves are often bullied by other students at the school.

3　They justify what they do to others as reasonable behavior.

4　They are good at pretending that they are not actually bullies.

(3) Which of the following statements would the author of the passage agree with?

1　The most important thing is to recognize that different types of bullies need to be helped in different ways.

2　Teachers should remember that many bullies in fact grow up to be quite normal adults without psychological problems.

3　Unless a school has a culture which disapproves of bullying, teachers will find it difficult to do anything about the problem.

4　Teachers should be careful when they are dealing with bullies not to become bullies themselves.

解答・解説

いじめっ子を研究する

　多くの国において、いじめは子どもや青年期世代の間でよくある問題である。いじめが引き起こす多大なる不幸のため、親たちは問題を解決するためにもっと努力することを学校に要求している。その結果、生徒間のいじめの減少に専心したプログラムを導入した学校もある。しかし残念ながら、こうしたプログラムは概してほとんど効果がないようだ。その理由の1つは、なぜ他者をいじめる生徒がいるのかをほんとうに理解している教師が多くはないことにある、と専門家は示唆する。

　いじめっ子は自己肯定感が低いか、友だちを作るのが難しい生徒だと、しばしば教師は思い込んでいる。研究によって、いじめっ子には実は2つの異なるタイプがあることがわかった。1つは「いじめの被害者」タイプで、自分も人からのいじめを受けやすい人間である。もういっぽうの「純粋ないじめっ子」は、概して人気があり、社交術もうまい。この2タイプのいじめっ子にはいくつか共通点がある。彼らは攻撃的になりがちで、他者の気持ちを理解するのが下手だ。彼らはまた、よく他人を敵とみなし、自分たちの態度について言い訳をする。

　しかし、ほかのことでは2つのタイプはほとんど正反対だ。「純粋ないじめっ子」は人気者で、自己肯定感も社会的地位も高い傾向がある。彼らはまた、自分のいじめ行動を教師から隠すのが巧みだ。いっぽうで、「いじめの被害者」タイプは、不人気で、あまり自信がなく、ほかの精神的問題を抱えている傾向にある。さらに、最初のタイプはたいてい成長するとふつうの成功した大人になるが、後者は後年も精神的問題で苦しむことが多い。専門家によれば、教師たちが、その生徒がどちらのタイプのいじめっ子なのか特定することを学び、態度の改め方を教える適切な方法を構築することが大切だ。そのときになってようやく学校は、いじめがあたりまえではなくなる文化を作り始めることができるのだ。

(1) 解答 **1**

「いじめを減らすために考案された多くのプログラムが抱える1つの問題は何か。」

1 問題の性質の乏しい理解にもとづいている。

2 生徒の通常の学校生活にあまりに干渉しすぎている。

3 かかわる教師たちが関心を持っていないので、効果がない。

4 いじめっ子の家族がかかわらないのでほとんど効果がない。

解説 いじめを減らすためのプログラムの効果があまりない理由は、第1段落最終文にExperts suggest that one reason for this is that not many teachers actually understand why some students bully others. と述べられている。この内容に**1**が一致する。

(2) 解答 **3**

「異なるいじめっ子のタイプがしばしば共通にもつ1つの特徴は何か。」

1 クラスメートと友だちになるのが難しい。

2 彼ら自身も学校でほかの生徒からよくいじめられる。

3 自分たちが他人にすることを、妥当な行動だと正当化する。

4 自分たちはほんとうはいじめっ子ではないというふりをするのがうまい。

解説 2タイプのいじめっ子が共通に示す特徴については、第2段落の終わりに、They tend to be aggressive and bad at understanding the feelings of others. They also often see other people as hostile and make excuses for their own behavior. と説明されている。この最後の部分が**3**に一致する。

(3) 解答 **1**

「パッセージの筆者は次の記述のどれに同意するか。」

1 いじめっ子の異なるタイプは、異なる方法で助ける必要がある、という点を認識することがもっとも重要だ。

2 多くのいじめっ子は、実は精神的問題もなく極めて正常な大人に成長するということを教師たちは覚えておくべきだ。

3 学校にいじめを認めない文化がない限り、教師は問題について何もするにしても困難を感じるだろう。

4 いじめっ子を扱っているとき、教師は自分たちもいじめっ子にならないように気をつけるべきだ。

解説 筆者の結論は第3段落後半のAccording to experts, it is important that ～ から始まる部分にまとめられている。この内容と**1**が一致する。

まとめて覚える！単語

レッスンに登場していない重要単語です。
音声のあとに英語を繰り返しましょう。

● 経済

□ yield	動 を産出する[≒ produce]、（権利など）を譲る、屈する		□ possession	名 （通例 〜s）所有物、所有[≒ ownership]、財産[≒ belongings, property]
□ allowance	名 手当、割当量[額]、値引き		□ employment	名 雇用、職[≒ job]
□ fund	名 （しばしば 〜s）資金、現金、（a 〜 で）蓄積		□ wealth	名 富、富裕[≒ affluence, riches]
□ subsidy	名 補助金、助成金[≒ grant]		□ commodity	名 商品、産物、有用なもの
□ debt	名 借金、負債[≒ liability]、恩義[≒ indebtedness]		□ materialism	名 物質[実利]主義、唯物論[主義]
□ fortune	名 財産、幸運、運命		□ workforce	名 （1国・1産業などの）労働人口、総従業員
□ heritage	名 遺産、世襲[相続]財産			
□ proportion	名 割合[≒ ratio]、（全体に対する）部分[≒ part]、（通例 〜s）釣り合い[≒ balance]		□ recession	名 （一時的な）景気後退、不況[≒ depression]
			□ gross	形 全体の、総計の[≒ total, overall]
□ property	名 不動産、財産、（通例 〜ties）特性		□ bankrupt	形 （法律上）破産宣告を受けた[≒ insolvent]
□ asset	名 利点[≒ benefit, advantage]、（通例 〜s）資産[≒ property]		□ wholesale	副 卸売り（値）で

● 環境保護

M09

□ preserve	動 を保護する[≒ protect, guard, conserve]		□ deforestation	名 森林破壊[伐採]
□ litter	動 （ゴミなどで場所）を散らかす[≒ clutter up]		□ irrigation	名 灌漑
			□ drought	名 干ばつ
□ scrap	動 を捨てる[≒ throw away 〜, dispose of 〜, do away with 〜]		□ groundwater	名 地下水
□ dump	動 を投棄する、をどさっと降ろす、を見捨てる、を押しつける		□ sewage	名 下水（汚物）、汚水
			□ surrounding	名 （〜s）周囲の状況、環境
□ habitat	名 （動植物の）生息場所、（人の）居住地		□ existence	名 存在[≒ being]、生存
□ plantation	名 （熱帯・亜熱帯の）（大）農園		□ arctic	形 （しばしば A〜）北極の
□ rainforest	名 多雨林、（熱帯）雨林		□ climatic	形 気候（上）の、風土の
□ forestry	名 林学、森林管理（法）、森林地帯		□ protective	形 保護する、守ろうとする
□ debris	名 残骸、がれき		□ barren	形 不毛の、得るところのない[≒ sterile]
□ emission	名 排気、放出（物）[≒ discharge]			

つきっきり英文解説

 37-1
～37-3

モデル音声と解説を聞いて、英文の内容を確認しよう。
大事なところはメモを取ろう。

Cows are often **associated** with milk, cheese, and beef. However, they are not just a **vital** food source. Cows have played a **crucial** role in saving people's lives.

In the 18th century, millions of people were rapidly dying from a **devastating disease** called smallpox. **Curiously**, though, farm workers who had **contracted** cowpox—a **contagious viral disease** of cows—never seemed to get smallpox. **Physician** Edward Jenner **hypothesized** that cowpox made people **immune** to smallpox.

In 1796, he tested his theory by **injecting** a small amount of cowpox into a healthy boy, and then **exposing** him to smallpox. **Incredibly**, the boy did not get smallpox.

His **groundbreaking** finding led to the development of the first successful **vaccine**.

英文の訳

　ウシといえば、牛乳やチーズ、牛肉などがよく連想されます。しかし、彼らは重要な食料源であるだけではありません。ウシは人々の命を救う上で重大な役割を果たしてきました。

　18世紀には、何百万人もの人々が天然痘という破壊的な病気にかかって急死していました。しかし、奇妙なことに、ウシの伝染性ウイルス性疾患である牛痘にかかった農場労働者が天然痘にかかることは、決してないようでした。医師のエドワード・ジェンナーは、牛痘が人々に天然痘に対する免疫をもたせるという仮説を立てました。

　1796年、彼は健康な少年に少量の牛痘を注射し、そのあとで天然痘にさらすことでこの仮説を検証しました。信じられないことに、その少年は天然痘にかからなかったのです。

　彼の画期的な発見は、初めての成功したワクチンの開発につながりました。

次はトレーニング！

元気に言ってみよう！
Don't be shy!

合格直行！
Nobu's トレーニング

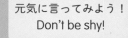

① 単語・表現チェック >>>>>>> 37-4

英検によくでるものを集めました。先生のあとに英語を繰り返そう。

☐ **associate**	動 を（〜と）結びつけて考える［≒ link, connect］、交際する［≒ mix］	
☐ **crucial**	形 重大な、決定的な［≒ critical, decisive, vital］	
☐ **devastating**	形 破壊的な	
☐ **disease**	名 病気、疾病	
☐ **curiously**	副 奇妙なことに	
☐ **contagious**	形 （病気が）（接触）感染性の［≒ infectious］	
☐ **viral**	形 ウイルス（性）の、（インターネットなどで）素早く拡散する	
☐ **physician**	名 内科医、医師	
☐ **hypothesize**	動 仮説を立てる	
☐ **immune**	形 免疫をもつ［≒ resistant］、免疫の、免除された	
☐ **inject**	動 （人など）に注射する、を注入する	
☐ **expose**	動 をさらす、を暴露する	
☐ **incredibly**	副 信じられないことに	
☐ **groundbreaking**	形 画期的な、草分け的な	
☐ **vaccine**	名 ワクチン	☑

② 見ながらリピート >>>>>>>>> 37-5

英文を見ながら、先生のあとに英語を言ってみよう。

Excuse me.
Excuse me.
☑

③ 見ないでリピート >>>>>>>>> 37-6

英文を見ずに、先生のあとに英語を言ってみよう。

Excuse me.
Excuse me.

☑

④ しあげのシャドーイング >>> 37-7

英文を見ずに、先生の声の直後を追いかけて英語を言ってみよう。

Excuse me. I want to...
Excuse me. I want to...
☑

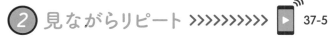

131

説明文（医学・生理学）❷

右脳型と左脳型

右脳や左脳と人の性格が関係しているのか、研究でわかりつつあります。

つきっきり英文解説

 38-1 ～38-3

モデル音声と解説を聞いて、英文の内容を確認しよう。
大事なところはメモを取ろう。

Common **wisdom** has it that people think or do things in a way that is either "right-brained" or "left-brained." Right-brained people are supposed to be **intuitive** and **creative**. By **contrast**, left-brained people are more **analytical**, logical, and detail-oriented. These **notions** of left and right brain personality **traits** are **widespread** and widely accepted.

However, there is **accumulating** evidence that **disproves** this concept. In a 2013 study, researchers **analyzed** the brain **scans** of over 1,000 young people aged 7 through 29. They found that people used both sides of the brain in a similar way **regardless of** their personality. The researchers **conclude** that it is likely **inaccurate** to link **specific** personal **traits** to one side of the brain.

英文の訳

　一般的に考えられているところによると、人の考え方や行動は、「右脳型」か「左脳型」かのどちらかに分かれると言われています。右脳型の人は直感的で創造的とされています。対照的に、左脳型の人はより分析的で論理的で細部にまでこだわるとされます。このような左脳と右脳の性格特性の考え方は広まっていて、幅広く受け入れられています。

　しかし、この概念の誤りを証明するだけの証拠が蓄積されてきています。2013年の研究では、研究者が7歳から29歳までの1,000人以上の若者の脳のスキャンを分析しました。彼らは、人は性格に関係なく脳の両側を同じように使っていることを発見しました。研究者たちは、特定の性格特性を脳の片側に結びつけるのは不正確である可能性が高いと結論づけました。

文法と表現

Common wisdom has it that ～.
〈wisdom の使い方〉

Common wisdom has it that ～. は「一般に考えられているところによると～。」という意味。wisdom は「知恵」だが、common wisdom で「一般的な考え」「一般に正しいとされている通念」「世間一般の常識」という意味になる。似た意味で conventional wisdom や received wisdom という言い方もある。

次はトレーニング！

合格直行！
Nobu's トレーニング

一緒に声に出して
マスターしよう！

① 単語・表現チェック >>>>>>> ▶ 38-4

英検によくでるものを集めました。先生のあとに英語を繰り返そう。

☐ **wisdom**	图 知恵
☐ **intuitive**	形 直感的な
☐ **intuitively**	副 直観的に（言えば）［≒ instinctively］
☐ **creative**	形 創造的な
☐ **creativity**	图 創造性 ［≒ inventiveness］
☐ **contrast**	图 対照、差異 ［≒ difference］
☐ **analytical**	形 分析的な
☐ **notion**	图 概念、考え
☐ **widespread**	形 広範囲にわたる ［≒ extensive, comprehensive, prevalent］
☐ **accumulate**	動（を）蓄積する、を集める ［≒ gather, collect, amass, pile up 〜, save］
☐ **disprove**	動 の誤りを証明する ［≒ refute］
☐ **analyze**	動 を分析する
☐ **conclude**	動 と結論を下す、を締結する
☐ **inaccurate**	形 不正確な
☐ **specific**	形 特定の ［≒ particular］、明確な ［≒ explicit］

② 見ながらリピート >>>>>>>>>> ▶ 38-5

英文を見ながら、先生のあとに英語を言ってみよう。

Excuse me.
Excuse me.

③ 見ないでリピート >>>>>>>>>> ▶ 38-6

英文を見ずに、先生のあとに英語を言ってみよう。

Excuse me.
Excuse me.

④ しあげのシャドーイング >>> ▶ 38-7

英文を見ずに、先生の声の直後を追いかけて英語を言ってみよう。

Excuse me. I want to...
Excuse me. I want to...

Read the passage and choose the best word or phrase from among the four choices for each blank.

Fighting Viruses

The development of vaccines, and their use in combatting dangerous diseases, is one of the great success stories of modern medicine. The story of how an 18th century English doctor, Edward Jenner, noticed that farmworkers who caught cowpox, a relatively harmless disease, rarely caught smallpox, and so used cowpox to create a vaccine, is well known. Less well known, (*1*), is the fact that using a virus to protect against a disease is actually an extremely ancient idea.

In fact, this method was first used over 1,000 years ago in China, although it did not reach Europe until the 17th century. In general, before the 20th century, smallpox was both widespread and highly contagious. It killed many sufferers, especially children, and often severely scarred those who did not die. Noticing that people rarely caught it twice, doctors made a powder containing the virus and administered it to people. In successful cases, this led to the development of antibodies which made people (*2*).

Why then was Jenner's discovery important? The answer is that the earlier method was in fact highly risky. When the virus entered the body, it could easily lead to severe cases of the disease, bringing about the very result (*3*). It was Jenner who developed the idea of using a less dangerous virus to create antibodies in the blood which would then protect against the more serious disease. Since his time, medical scientists have been able to come up with relatively safe vaccines for many formerly lethal diseases.

(1)   **1** therefore   **2** besides   **3** nevertheless   **4** however

(2)   **1** experience high fevers   **2** vulnerable to further attacks
       3 more generally healthy   **4** immune to the disease

(3)   **1** doctors were aiming at   **2** it was designed to avoid
       3 achieved by modern scientists   **4** patients had been expecting

解答・解説

ウイルスとの闘い

　ワクチンの開発と、危険な病気との闘いにおけるその使用は、近代医学の最高の成功物語の1つである。18世紀の英国人医師エドワード・ジェンナーが、比較的無害な病気である牛痘にかかった農場労働者がめったに天然痘にかからないことにどのようにして気づき、そこからワクチンを作るために牛痘を使ったかという話はよく知られている。しかしながらあまり知られていないのは、病気から身を守るためにウイルスを使うことは、実は非常に古くからある考え方だという事実だ。

　実際、ヨーロッパには17世紀まで伝わらなかったが、この方法は中国で1,000年以上前に初めて使われている。概して、20世紀以前には、天然痘は広く蔓延し伝染性が高かった。多くの罹患者、特に子どもが亡くなり、死ななかった者にはしばしばひどい痕が残った。二度かかることはめったにないと気づいたので、医師たちはウイルスを含む粉を作り、人々に投与した。成功例では、これが抗体の開発につながり、おかげで人々は病気に対する免疫ができたのだ。

　それではなぜジェンナーの発見が重要だったのだろうか。その答えは、初期の方法が実のところ非常に危険なものだったからだ。ウイルスが体に入ったときに、避けようと意図して作られたまさにその結果を引き起こし、病気の重症例につながりやすかったのだ。より深刻な病気から身を守ってくれる抗体を血中に作るために危険性の少ないウイルスを用いる、というアイデアを発展させたのはジェンナーだった。ジェンナーの時代以降、医学者たちは、かつては死に至った多くの病気に効く比較的安全なワクチンを見つけ出すことができている。

(1) 　解答　**4**

1 それゆえ　　　　　　　　　　　　　　　**2** そのうえ

3 それにもかかわらず　　　　　　　　　　**4** しかしながら

解説 空所の前の文は、ジェンナーが牛痘を使って天然痘のワクチンを作ったという話はよく知られている、という内容。「あまり知られていないのは」と始めた空所の文は、それと対比する内容を述べるはずなので、話の流れから**4**が適切。

(2) 　解答　**4**

1 高熱を経験する　　　　　　　　　　　　**2** さらなる攻撃に弱い

3 より全体的に健康に　　　　　　　　　　**4** 病気に対する免疫がある

解説 空所の前文には、「ウイルスを含む粉を投与した」とある。空所のある文は成功例では抗体ができたと述べているので、人々は病気に対する免疫ができた、と考えるのが自然。したがって正解は**4**。

(3) 　解答　**2**

1 医師たちは狙っていた　　　　　　　　　**2** 避けようと意図して作られた

3 現代の科学者によって成し遂げられた　　**4** 患者たちが期待していた

解説 空所のある文は、非常に危険性が高かった初期の方法について述べている。ウイルスを含む粉が体内に入り、重症につながりやすかったとある。bringing about the very resultは「まさにその結果を引き起こす」という意味。「まさにその結果」とは、「避けようと意図して作られた」結果とすると意味が通じる。**2**が正解。

農家を救うイヌ

木の病気を検知できるイヌが、世界中の農家を救う可能性があります。

つきっきり英文解説

 39-1
〜39-3

モデル音声と解説を聞いて、英文の内容を確認しよう。
大事なところはメモを取ろう。

Citrus fruit growers worldwide lose **vast** amounts of fruit every year to a bacteria known as CLas. The bacteria is **transmitted** through an insect that feeds on the fruit.

Early **detection** is key to control the spread of CLas. However, visually **assessing infection** is often **inaccurate** and **unreliable**. A more **reliable** method called **molecular detection** is available, but it is very **costly** and time-consuming.

Desperate for a more practical solution, scientists recently **turned to** an old friend—the dog. They trained **detection** dogs to **sniff** out **infected** trees. Amazingly, the dogs were **substantially** more **efficient** and **reliable** at **detecting** early-stage **infections** than other more **costly, sophisticated** methods.

The scientists now **envision** using **detection** dogs to help **citrus** farmers around the world.

英文の訳

　世界中のかんきつ類の果物の生産者は、CLas（カンキツグリーニング病菌）として知られているバクテリアのために毎年ぼうだいな量の果実を失っています。このバクテリアは果実を食べる昆虫を介して伝わります。

　CLas の拡大を抑えるには、早期発見が鍵となります。しかし、目視で感染を査定することはしばしば不正確で信頼性に欠けます。より信頼性の高い分子検出と呼ばれる手法が利用できますが、きわめてコストが高く時間もかかります。

　より実用的な解決策を切望して、科学者たちは最近、昔からの友人であるイヌに頼ることにしました。

彼らは感染した木をかぎ分けるように検知犬を訓練しました。驚くべきことに、ほかのもっと高価で精巧な手法とくらべ、イヌたちは初期段階の感染を検出するのにかなり効率的で信頼できたのです。

　科学者たちは現在、検知犬を使って世界中のかんきつ農家を支援することを思い描いています。

次はトレーニング！

合格直行!
Nobu's トレーニング

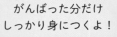
がんばった分だけ
しっかり身につくよ!

 1 単語・表現チェック >>>>>>> 39-4

英検によくでるものを集めました。先生のあとに英語を繰り返そう。

☐ **citrus**	名 かんきつ類
☐ **vast**	形 ばく大な [≒ huge, enormous, immense]、広大な
☐ **detection**	名 検知、発見
☐ **detect**	動 を検知する [≒ notice]、(の存在) を見つける [≒ discover]
☐ **assess**	動 を査定する、を評価する [≒ evaluate, estimate, appraise]
☐ **unreliable**	形 信頼できない
☐ **reliable**	形 信頼できる [≒ dependable, trustworthy]
☐ **molecular**	形 分子の
☐ **desperate**	形 強く望んで [≒ eager]、絶望的な [≒ hopeless]、必死の [≒ frantic]
☐ **turn to ～**	～に頼る、(犯罪・悪習など) に走る、～にとりかかる
☐ **sniff**	動 (くんくん) かぐ
☐ **substantially**	副 かなり、実質的に
☐ **substantial**	形 (数量などが) かなりの [≒ considerable]、重要な、実質的な
☐ **efficient**	形 効率的な、能率的な
☐ **sophisticated**	形 精巧な[≒ delicate, elaborate, exquisite]、洗練された[≒ refined, cultivated]
☐ **envision**	動 を心に思い描く、を想像する [≒ imagine, envisage]

 2 見ながらリピート >>>>>>>>> 39-5

英文を見ながら、先生のあとに英語を言ってみよう。

 3 見ないでリピート >>>>>>>>> 39-6

英文を見ずに、先生のあとに英語を言ってみよう。

 4 しあげのシャドーイング >>> 39-7

英文を見ずに、先生の声の直後を追いかけて英語を言ってみよう。

説明文（テクノロジー）❷

遺伝子で病気を治す

遺伝情報を編集して病気の治療などに役立てる技術が研究されています。

つきっきり英文解説

40-1
〜40-3

モデル音声と解説を聞いて、英文の内容を確認しよう。
大事なところはメモを取ろう。

Genetic diseases such as Huntington's were once considered impossible to cure. However, thanks to a new DNA-editing technique called CRISPR/Cas9, scientists believe such diseases could one day be eliminated.

Genetic diseases are caused by an abnormal change in a person's genes. This change prevents the genes from functioning properly, thus causing a disorder. Using CRISPR/Cas9, researchers can cut up specific DNA and remove those problematic genes, replacing them with new ones. By altering the DNA sequence in this way, researchers can modify the function of the genes in any way they want.

Although it is still in its experimental stage, scientists are hopeful that CRISPR/Cas9 will one day help eliminate numerous diseases ranging from Huntington's to cancer and even AIDS.

英文の訳

　ハンチントン病などの遺伝子疾患は、かつては治療が不可能と考えられていました。しかし、CRISPR/Cas9 という新しい DNA 編集技術のおかげで、科学者たちはこのような病気をいつかなくすことができると信じています。

　遺伝子疾患は、人の遺伝子の異常な変化によって引き起こされます。この変化は遺伝子が適切に機能するのを妨げ、そうして障害を引き起こします。CRISPR/Cas9 を使って、研究者は特定の DNA を切断し、それらの問題のある遺伝子を取り除いて、新しい遺伝子に置き換えることができます。このように DNA の配列を変えることで、研究者は遺伝子の機能を望みどおりに修正することができます。

　まだ実験段階ではありますが、科学者たちは、CRISPR/Cas9 がいつの日かハンチントン病からガン、さらにはエイズに至るまで、多くの病気の撲滅に役立つという望みを抱いています。

次はトレーニング！

合格直行!
Nobu's トレーニング

元気に言ってみよう！
Don't be shy!

1 単語・表現チェック >>>>>>> ▶ 40-4

英検によくでるものを集めました。先生のあとに英語を繰り返そう。

□ genetic	形 遺伝子の
□ hereditary	形 遺伝的な［≒ genetic, inherited］、世襲（制）の
□ eliminate	動 を取り除く［≒ remove, exclude, get rid of ～］、を（勝ち抜きで）ふるい落とす［≒ knock out ～］
□ abnormal	形 異常な、ふつうとは異なる
□ gene	名 遺伝子
□ function	動 機能する 名 機能、職務
□ thus	副 したがって、このように
□ disorder	名 障害、混乱［≒ untidiness］、無秩序
□ problematic	形 問題のある
□ alter	動 を変える、変わる［≒ change］
□ sequence	名 連続、一続き［≒ succession, series, chain］
□ sequel	名 続編［≒ follow-up］、結果［≒ result, consequence］
□ modify	動 を（部分的に）修正［変更］する、［≒ change, alter］、を（いくぶん）和らげる［≒ moderate］
□ numerous	形 非常に数の多い、たくさんの［≒ many］
□ range from A to B	（範囲が）A から B にわたる

2 見ながらリピート >>>>>>>>> ▶ 40-5

英文を見ながら、先生のあとに英語を言ってみよう。

3 見ないでリピート >>>>>>>>> ▶ 40-6

英文を見ずに、先生のあとに英語を言ってみよう。

4 しあげのシャドーイング >>> ▶ 40-7

英文を見ずに、先生の声の直後を追いかけて英語を言ってみよう。

Read the passage and choose the best answer from among the four choices for each question.

Mosquito Sex Changes

Most of us have experienced mosquito bites. Although they are annoying, these bites are usually harmless. Some mosquitoes, though, transmit dangerous diseases, such as malaria, when they bite people. Indeed, according to some experts, this fact makes mosquitoes the most dangerous animals to human beings in the whole of nature. For this reason, many scientists are studying ways to control the number of mosquitoes and so lessen the damage they cause to human populations. Recent dramatic developments in molecular biology and the understanding of DNA, in particular, are leading to sophisticated new techniques for doing this.

Recently, scientists at the Virginia Polytechnic Institute and State University (Virginia Tech) in the United States announced that they had discovered a way to convert female Aedes aegypti mosquitoes into male ones. This is important because it is only female mosquitoes that bite and spread diseases. Female mosquitoes need blood from humans and other mammals to grow their eggs. Female Aedes aegypti mosquitoes carry dengue fever, a painful and dangerous disease that affects many people around the world every year, as well as other infectious diseases. Although scientists are trying to come up with vaccines against dengue fever, at present, reducing or removing the mosquitoes that spread the disease is seen as the best way of controlling it.

The discovery by the team at Virginia Tech was based on earlier research which had located a gene that determined the sex of a male mosquito. The team at Virginia Tech found that inserting this gene, known as Nix, into female mosquitoes converts these into male mosquitoes capable of fertilizing eggs. Moreover, the same gene is then passed on to the next generation, which as a result becomes entirely male. The team envisions eventually releasing the modified mosquitoes into the wild, where they would mate with females. As a result, the female population would fall sharply, allowing the species to be reduced and eventually eliminated. Unfortunately, for genetic reasons, the modified mosquitoes currently cannot fly. Further research is needed to develop converted male mosquitoes which can fly and are therefore able to mate with female mosquitoes in the wild.

More work needs to be done before the male mosquitoes will be ready to be released. However, according to some experts, there also needs to be more public discussion of the issue before this is done. Altering the genetic character of a species in this way may be an efficient method of controlling and eliminating it, but we have to consider the question of whether human beings have the right to destroy a species just for their own convenience.

Although doing this might benefit human beings, there is no widespread agreement as to whether it is ethically right for human beings to interfere with nature in this way. Many environmentalists are opposed not only to the genetic modification of animal species, but also to the destruction or removal of a species simply because it causes harm to human beings. Others, though, believe that this is the best and most humane way of removing dangerous diseases from the world.

(1) How have developments in biology changed scientists' approach to the problem of mosquitoes?
   1 It has led them to see just how dangerous mosquitoes are to human beings.
   2 It is making it possible to reduce the effect of diseases on mosquitoes themselves.
   3 It has led them to find new ways to reduce the size of mosquito populations.
   4 It is making new and more accurate predictions of mosquito behavior possible.

(2) Scientists hope eventually to overcome dengue fever by
   1 finding a different way for female mosquitoes to grow their eggs.
   2 preventing mosquitoes from breeding by making them infertile.
   3 stopping mosquitoes from catching dengue fever and other viruses.
   4 finding a way to make human beings immune to the disease.

(3) Why would releasing converted male mosquitoes be an effective strategy?
   1 The male mosquitoes would be likely to attack the young of other mosquitoes, reducing their number.
   2 These mosquitoes would cause females only to produce male mosquitoes, leading to a decline in their population.
   3 Female mosquitoes would become confused as to which male mosquitoes could fertilize their eggs, causing a sudden drop in numbers.
   4 The male mosquitoes are unable to fly and so would present less of a threat to human populations.

(4) What is one reason that people might oppose the plan by the team at Virginia Tech?
   1 They might think that such a sophisticated plan is unlikely to be effective in real-life natural conditions.
   2 They might argue that human beings do not have the right to decide which species in nature survive and which become extinct.
   3 They might fear that genetic modification of a species could have unanticipated effects when released in nature.
   4 They might imagine that such a plan would discourage scientists from looking for a more humane solution to the problem.

蚊の性転換

　私たちのほとんどが蚊に刺されたことがある。うっとうしいが、刺されたとしてもたいてい無害だ。しかし、なかには人を刺したときにマラリアのような危険な病気を伝染させる蚊もいる。実際、専門家によると、この事実が蚊を自然界全体で人間にとってもっとも危険な生き物にしているという。この理由から、多くの科学者が蚊の数をコントロールして人間の集団にもたらす損害を減らす方法を研究している。特に、分子生物学とDNAの理解における近年の劇的進展は、そのための非常に高度な最新技術につながっている。

　最近、米国のバージニア工科大学（バージニア・テック）の科学者たちは、メスのネッタイシマカをオスに転換させる方法を見つけたと発表した。これは重要である。なぜなら、刺したり、病気を広めたりするのはメスの蚊だけだからだ。メスの蚊は、卵を育てるために人間やほかの哺乳類の血液を必要とする。メスのネッタイシマカは、ほかの伝染病と同様、毎年世界中の多くの人々に影響を与える、痛みを伴い危険な病気であるデング熱を媒介する。科学者たちはデング熱に対するワクチンを作ろうとしているが、目下のところ、病気を広める蚊を減らしたり殺したりすることが病気をコントロールする最善の方法と考えられている。

　バージニア・テックのチームによる発見は、オスの蚊の性を決める遺伝子を見つけたこれまでの研究にもとづくものだった。バージニア・テックのチームは、Nixとして知られるこの遺伝子をメスの蚊に挿入すると、それらを卵を受精させる能力のあるオスの蚊に転換させるということを発見した。さらに、同じ遺伝子はその後次の世代に引き継がれ、その結果、全体がオスになるのだ。チームは最終的に、性転換した蚊を野生に放ち、そこでメスと交配することを想定している。結果として、メスの個体数は激減し、その種は減少し、やがては消滅するだろう。あいにく、遺伝子的理由から、性転換された蚊は今のところ飛ぶことができない。飛べて、それゆえ野生の状態でメスと交配できる性転換されたオスの蚊を開発するためには、さらなる研究が必要だ。

　オスの蚊を野に放つ用意ができるまでには、さらなる研究が必要だ。しかし、一部の専門家によれば、これを行う前に、公の場での問題の議論がもっとなされるべきである。種の遺伝子的性質をこのように変化させることは、種をコントロールしたり取り除いたりする効果的方法かもしれないが、はたして人間には自分たちの都合だけで1つの種を全滅させる権利があるのかどうかという問題を、われわれは検討しなければならない。そうすることで人間は得をするかもしれないが、このようにして自然に介入するのが人間にとって倫理的に正しいかどうかという点に関しては、幅広い意見の一致はない。多くの環境問題専門家は、動物の種の遺伝子組み換えだけでなく、人間に害を及ぼすという理由だけで種を破壊したり除去したりすることにも反対している。しかし、これが世の中から危険な病気をなくす、最良でもっとも人道的な方法であると考える人々もいるのである。

(1)　解答　**3**

「生物学の発展は、蚊の問題への科学者のアプローチをどのように変えたか。」

1　人間に対して蚊がどれほど危険かということを科学者にわからせた。

2　蚊自体への病気の影響を減らすことを可能にしている。

3　科学者が、蚊の個体数を減らす新しい方法を見つけることにつながっている。

4　蚊の行動を新たに、より正確に予測することを可能にしている。

　解説　生物学の発展については、第1段落最終文に述べられている。Recent dramatic developments ～ are leading to sophisticated new techniques for doing this. とある。直前に、蚊の数をコントロールして人間にもたらす損害を減らす方法を研究しているとあることから、同じ内容を述べている**3**が正解。

(2)　解答　**4**

「科学者は～によって最終的にデング熱に打ち勝つことを期待している。」

1　メスの蚊が卵を育てる別の方法を見つけること。

2　不妊にすることで蚊が繁殖するのを防ぐこと。

3　蚊がデング熱やほかのウイルスにかかるのを止めること。

4　人間を病気に免疫がある状態にする方法を見つけること。

　解説　デング熱については第2段落に説明されている。最終文にAlthough scientists are trying to come up with vaccines against dengue fever, ～ とある。この部分が**4**に一致する。

(3)　解答　**2**

「性転換したオスの蚊を野に放つことが、なぜ効果的な戦略になるのか。」

1　オスの蚊は、ほかの幼い蚊を襲い、数を減らす可能性がある。

2　これらの蚊が原因となり、メスはオスの蚊しか生まなくなり、個体数の減少につながる。

3　メスの蚊が、どのオスが自分の卵を受精させられるか混乱し、急激な数の減少を引き起こす。

4　オスの蚊は飛べないので、人類にとっての脅威が減る。

　解説　蚊の性転換の手順については第3段落にくわしく述べられている。メスを受精能力のあるオスに転換すると、その遺伝子が次の世代に受け継がれ、オスしか生まれなくなる。そうすればメスの数が減り、やがて蚊自体がいなくなる、という論理である。この内容に一致する**2**が正解。

(4)　解答　**2**

「バージニア・テックチームによる計画に人々が反対するかもしれない理由の1つは何か。」

1　そのような高度な計画は、現実の自然条件下では効果的ではないだろうと、人々は考えるかもしれない。

2　自然の中でどの種が生き残り、どれが消滅するかを決める権利は人間にはないと、人々は主張するかもしれない。

3　種の遺伝子組み換えは、自然に解き放った場合、予期せぬ影響を及ぼし得ると、人々は恐れるかもしれない。

4　そのような計画のせいで、科学者が問題に対するより人道的解決法をさがす気力をなくすと、彼らは想像するかもしれない。

　解説　第4段落 Altering the genetic character of a species in this way から始まる文の後半に、we have to consider the question of whether human beings have the right to destroy a species just for their own convenience. とある。この内容に一致するのは**2**。

まとめて覚える！単語

レッスンに登場していない重要単語です。
音声のあとに英語を繰り返しましょう。

● 自然科学

📱M10

□ absorb	動 を吸収する[≒ soak up 〜]、を熱中させる[≒ engross]
□ reproduce	動 を複製する[≒ copy]、を増殖させる[≒ breed]
□ orbit	名 軌道
□ ecosystem	名 生態系
□ breakthrough	名 飛躍的進歩[≒ advance, development]、目ざましい発見[≒ discovery]
□ erosion	名 浸食（作用）
□ eruption	名 勃発[≒ outbreak]、噴火
□ cell	名 細胞、（独）房、電池
□ dioxide	名 二酸化物
□ hydrogen	名 水素

□ particle	名 微粒子[≒ particulate]、小片[≒ bit, fragment]
□ latitude	名 緯度
□ terrain	名 地形、地勢[≒ topography]
□ radioactive	形 放射性の
□ biological	形 生物学（上）の
□ lunar	形 月の
□ gravitational	形 引力の、重力の
□ acid	形 酸性の、酸っぱい[≒ sour]、皮肉な[≒ sarcastic]
□ toxic	形 有毒な[≒ poisonous]、中毒(性)の

● 生物・医療・福祉

📱M11

□ mare	名 （成長した）雌馬、馬類[ロバなど]のメス
□ livestock	名 （ウシ・ヒツジ・ブタなどの）家畜（類）
□ herd	名 （ウシ・ヒツジなどの）群れ
□ swarm	名 （昆虫などの）大群
□ stem	名 （草木の）茎[≒ stalk]、幹[≒ trunk]
□ therapy	名 療法、治療、セラピー
□ precaution	名 予防措置[≒ safeguard]、用心[≒ caution]
□ skull	名 頭蓋骨、（口語で）頭脳
□ well-being	名 健康[≒ health]、幸福[≒ happiness, welfare]

□ hypertension	名 高血圧（症）
□ depression	名 意気消沈、うつ病、不景気
□ syndrome	名 症候群、シンドローム
□ hospitalization	名 入院（状態）[≒ admission]
□ lodging	名 （一時的な）宿泊所[≒ accommodation]、宿泊
□ livelihood	名 生計[≒ living]、生活手段
□ clinical	形 臨床の、病床の
□ neurological	形 神経(病)学の
□ epidemic	形 （病気などが）流行[伝染]性の、流行の
□ chronic	形 （病気が）慢性の、常習の

☐ **adequate**	形（ちょうど）じゅうぶんな [≒ sufficient, enough]、ふさわしい [≒ suitable]
☐ **appropriate**	形 適切な [≒ proper, suitable]
☐ **artificial**	形 人工の [≒ false]、不自然な [≒ unnatural]
☐ **brisk**	形 きびきびとした、活発な [≒ quick, energetic, lively]
☐ **bulky**	形 かさばった、かさばって扱いにくい [≒ unwieldy]
☐ **charitable**	形 慈善の [≒ philanthropic]、慈悲深い [≒ merciful]
☐ **comparable**	形 匹敵する [≒ equal]、同様の [≒ similar]
☐ **countless**	形 数えきれない（ほど多い） [≒ innumerable, numberless]
☐ **deceitful**	形 人を欺く、人を惑わす [≒ dishonest, delusive]
☐ **decisive**	形 決定的な [≒ conclusive]、断固たる [≒ resolute]
☐ **dubious**	形 疑って、疑わしい [≒ doubtful, suspicious]
☐ **excessive**	形 過度の [≒ immoderate]、法外な [≒ exorbitant]
☐ **explicit**	形（文章などが）明白な、明確な [≒ clear, plain, specific]
☐ **gloomy**	形 薄暗い [≒ dim, dusky]、陰気な
☐ **harsh**	形 厳しい [≒ severe, bitter]、粗い [≒ rough]
☐ **hostile**	形 敵意のある [≒ unfriendly]、不都合な [≒ unfavorable]
☐ **inevitable**	形 避けられない、必然的な [≒ unavoidable]
☐ **initial**	形 初めの [≒ first]、語頭にある
☐ **irresistible**	形 抵抗できない [≒ uncontrollable]、非常に魅力的な [≒ captivating]

☐ **moderate**	形 適度な、並の [≒ average, modest]
☐ **noble**	形 高潔な [≒ virtuous]、堂々とした [≒ magnificent]、貴族の [≒ aristocratic]
☐ **nomadic**	形 放浪の、遊牧（民）の
☐ **overall**	形 総合的な、全般[全体]的な [≒ total, gross, entire]
☐ **overdue**	形 支払期限を過ぎた、（予定の日時より）遅れた
☐ **parallel**	形 平行の、同じような [≒ similar]
☐ **peculiar**	形 変な [≒ strange, odd]、特有の [≒ distinctive, characteristic]
☐ **prominent**	形 重要な、卓越した [≒ eminent]、目立つ [≒ conspicuous]
☐ **questionable**	形 疑わしい [≒ doubtful, suspicious, dubious]
☐ **radical**	形 根本的な [≒ fundamental]、急進的な [≒ extreme]
☐ **stable**	形 安定した [≒ firm, steady]
☐ **submissive**	形 服従する、柔順な [≒ obedient, compliant]
☐ **substandard**	形 標準以下の
☐ **synthetic**	形 合成の、総合の
☐ **tender**	形 柔らかい [≒ soft]、優しい [≒ kind]
☐ **barely**	副 かろうじて [≒ only just]、ほとんど～ない [≒ hardly, scarcely]
☐ **literally**	副 文字どおり、まさしく
☐ **permanently**	副 永遠に、いつも [≒ forever]
☐ **primarily**	副 主として [≒ mostly]、初めに [≒ firstly]
☐ **overly**	副 あまりに、過度に [≒ too, excessively]

まとめて覚える! 単語

レッスンに登場していない重要単語です。
音声のあとに英語を繰り返しましょう。

● 準1級によくでる単語（動詞）

📱 M13

□ **brand**	動 に烙印（らくいん）を押す [≒ stigmatize]
□ **burst**	動 破裂する、爆発する [≒ explode]
□ **discredit**	動 に疑いをかける、の信憑性（しんぴょう）を失わせる [≒ disprove]
□ **flip**	動 を軽くはじく [はじき飛ばす]、を（ぱらぱらと）めくる、を（ぱっと）裏返す
□ **flock**	動 群がる [≒ crowd]
□ **grind**	動 を粉にひく [≒ mill]、を研ぐ [≒ sharpen, whet]

□ **overtake**	動 を追い越す [≒ pass]、を上回る [≒ surpass]
□ **retain**	動 を保持する [≒ keep, hold, maintain, preserve]
□ **retreat**	動 退く、引っ込む [≒ withdraw]
□ **storm**	動 激しい勢いで突進する、大荒れになる、を急襲する
□ **sweep**	動 （ある地域）に広がる [≒ engulf]、（床・部屋など）を掃く [≒ brush]

つきっきりレッスン
英作文・面接対策編
レッスン41〜44

ここからは、筆記試験のライティング（英作文）と、
二次試験の面接についてのレッスンです。
苦手や不安に思っている人も
多い問題だと思いますが、
ポイントをおさえれば大丈夫ですよ！

41 ライティング
英作文の書き方

筆記試験の最後は英作文問題。例題に目をとおしてから、解説音声を聞きましょう。

例題

English Composition
- Write an essay on the given TOPIC.
- Use TWO of the POINTS below to support your answer.
- Structure: introduction, main body, and conclusion
- Suggested length: 120-150 words

TOPIC

Agree or disagree: Genetically modified crops should be banned

POINTS
- *Human health*
- *Protecting nature*
- *Developing countries*
- *Climate change*

TOPIC の訳
賛成か反対か：遺伝子組み換え作物は禁止されるべきだ

POINTS の訳
- 人間の健康
- 自然保護
- 発展途上国
- 気候変動

合格直行!
Nobu's チェックシート

41-1

英作文を書くときは、次の3つの質問を自分自身に問いかけましょう。
誰が読んでもわかりやすいように、読み手に寄りそう気持ちを大事にしてくださいね。

 内容チェック
質問にズバリ答えていますか?
▶考えをはっきりと伝え、その理由や説明を示していればクリア!

② 構成チェック
わかりやすい構成になっていますか?
▶〈意見→理由→まとめ〉で構成し、合図となる表現を使っていればクリア!

③ 語い・文法チェック
自信のある語い・文法を使えていますか?
▶語いや文法を正しく使って、読みやすく書けていればクリア!

解答例　　解説音声を聞いて、解答例のポイントを確認しましょう。

I disagree that genetically modified crops should be
①
banned.　**Food shortage** is a major global problem, and
②
when we think of **developing countries** and **climate**
change, it is clear that such crops will become more and
more important.

　People in **developing countries** suffer greatly from **a lack**
③
of food.　Many do not have the money or means to secure
④
⑤
food.　In such countries, genetically modified crops can be
very helpful.　Compared to traditional crops, they can be
⑥
produced in larger volumes and at lower costs.

　Also, many regions around the world are now facing
⑦
decreased crop production due to **a lack of rainfall** or
unusually high temperatures.　In response, researchers are
⑧
developing genetically modified crops that need little water
or are strong against heat.　These crops will help to stabilize
the world's food supply.

　For these reasons, I believe **genetically modified crops**
⑨
should be grown.　They are indispensable for the world.
⑩

❶ 初めに I disagree that 〜 としっかり「反対」という主張をしている。

❷ food shortage をキーワードに、2つの POINTS をあげて反対の理由を述べている。

❸ POINTS の Developing countries を使っている。

❹ 前述の food shortage を言い換えて、表現のバリエーションを出している。

❺ Developing countries の人々が直面する問題点を具体的に述べている。

❻ 具体的にどう役立つかを述べている。

❼ POINTS の Climate change の具体的な現象をあげながら、問題点に触れている。

❽ 問題点を解決し得る方法と、それにより導かれる結果を述べている。

❾ For these reasons, で始めることにより結論だとわかる。

❿ TOPIC を言い換えて表現のバリエーションを出している。

解答例の訳

　遺伝子組み換え作物は禁止されるべきだという考えには反対である。食料不足は大きな地球規模の問題で、発展途上国や気候変動のことを考えると、そのような作物はこの先ますます重要になってくるのは明らかだ。

　発展途上国の人々は、食料不足に非常に苦しんでいる。多くの人々は、食料を確保するお金や手段がない。そうした国々では、遺伝子組み換え作物はとても役に立つ。従来の作物にくらべて、それらはより大量により低価格で生産可能である。

　また、世界中の多くの地域では、降雨量不足や異常に高い気温により、現在、作物生産高の減少という問題に直面している。これを受けて、研究者たちは水をあまり必要としない、あるいは高温に強い遺伝子組み換え作物を開発している。これらの作物は、世界の食物の供給を安定させるのに役立つだろう。

　これらの理由により、遺伝子組み換え作物は栽培されるべきだと考える。世界にとって必要不可欠である。

英作文で役立つ表現

意見を表す	I think (that) ...「私は…だと思います」/ I do not think (that) ...「私は…ではないと思います」/ I believe (that) ...「私は…だと思います」/ We must ...「私たちは…しなければなりません」/ In my opinion, ...「私の意見では、…」/ People should ...「人々は…すべきです」
理由をあげる	First, ...「第一に、…」/ Second, ...「第二に、…」/ Next, ...「次に、…」/ One reason is ...「1つの理由は…」/ What's more, ...「そのうえ、…」
具体例をあげる	for example「たとえば」/ for instance「たとえば」/ such as 〜「〜のような」/ like 〜「〜のような」
まとめる	Therefore, ...「したがって、…」/ For these reasons, ...「これらの理由で、…」/ As a result, ...「結果として、…」/ In conclusion, ...「結論として、…」

English Composition

- Write an essay on the given TOPIC.
- Use TWO of the POINTS below to support your answer.
- Structure: introduction, main body, and conclusion
- Suggested length: 120-150 words

TOPIC

Agree or disagree: More Japanese students should study abroad

POINTS

- *Globalization*
- *Information technology*
- *Different cultures*
- *Independence*

解答・解説

TOPIC

賛成か反対か：もっと多くの日本人学生が留学するべきである

POINTS

●グローバル化　　●情報テクノロジー　　●異文化　　●独立

解答例

In my opinion, more Japanese students should go abroad to study. They can learn different cultures and also nurture their independence.

Due to the development of the Internet, many people now think we no longer need to study abroad to learn about foreign cultures. I disagree. The Internet can convey only superficial knowledge. By actually experiencing life in a foreign country, we can understand its daily customs, values and way of life much more deeply.

Another reason for studying abroad is that it helps young people become independent. When studying abroad, people have to make many decisions, such as what to study and where to stay. Also, when problems occur during their stay, people have to solve them on their own. These experiences help them grow into independent adults.

In conclusion, I believe more Japanese students should study abroad. They can learn other cultures more deeply and become more independent.

解答例の訳

　私の意見では、もっと多くの日本人学生が勉強するために海外留学をするべきだと思う。いろいろな文化を学び独立心をはぐくむこともできるからだ。

　インターネットの発展によって、外国の文化を学ぶために留学をする必要はもうないと多くの人が今では考えている。私はそうは思わない。インターネットが伝えることができるのは表面上の知識だけだ。海外での生活を実際に経験することで、私たちはその国の日常の習慣、価値観、生活様式をよりずっと深く理解することができる。

　留学のもう1つの理由は、若者が独立する助けになるということだ。留学をすると、何を勉強しどこに住むかのような多くの決定をしなくてはならない。また、滞在中に問題が起これば、それらを自力で解決しなくてはならない。これらの経験は彼らを自立した大人へと成長させる助けとなる。

　結論として、私はより多くの日本人学生が留学するべきだと考える。他の文化をより深く学ぶことができ、より自立することができるからだ。

解説　「もっと多くの日本人学生が留学するべきである」という考えに対し、第1段落でagreeの立場であることと、その理由がPOINTSのDifferent culturesとIndependenceであることを明確に述べている。

　第2段落では、インターネットの発展によって留学の必要がないと考える人が多くいるなか、POINTSのDifferent culturesの観点からインターネットでできることの限界を述べて、まずはその意見に反対だという立場を明らかにしている。そのあと、留学でこそ学べることを具体的に述べ、自分の立場を支持している。

　第3段落では、POINTSのIndependenceについて触れている。留学したときに実際に起こりうる問題をsuch asを用いて具体的にあげ、それらを自力で解決することが学生たちを自立させることにつながると述べている。

　最終段落は、In conclusion,で始めることにより、結論だとわかりやすくしている。続けて、自分の考えを主張する理由を短く繰り返して、英作文を締めている。

42 スピーキング❶

イラストについて述べる

二次試験の面接で問われるのはスピーキングの力。ナレーションと4つの質問が出題されるので、それぞれのポイントをおさえてから問題に取り組みましょう。

面接の流れ

❶面接室に入ったら、面接委員に面接カードを手渡す。
❷面接委員の指示にしたがい、着席する。
❸面接委員が受験者の氏名・受験級の確認を行ったあと、簡単なあいさつをする。
❹面接委員から指示文（英文）とイラストが書かれた問題カードを受け取る。

英検S-CBTのスピーキング

英検S-CBTでは、面接の代わりにコンピューターで解答を録音するスピーキングテストを行います。最初に操作説明があるので、画面の流れにそって進めましょう。録音テストやウォームアップの質問のあとに、ナレーションと4つの質問が出題されます。

ナレーション　解説音声を聞いて、ナレーションのポイントを確認しましょう。　　▶42-1

You have **one minute** to prepare.

This is a story about a couple who wanted to go to a concert.
You have **two minutes** to narrate the story.

Your story should begin with the following sentence:
One day, a man and his wife were reading the newspaper at home.

ナレーションのポイント

・問題カードで指定された文から始める。
・指示文から、中心人物、話題、ストーリーの背景などを把握する。
・原則として、ナレーションにはすべて過去形を用いる。
・場面や時間、登場人物の行動、心情を描写する。
・指示文やイラストにある、時間や場所を示す表現、セリフを活用する。
・各コマ2～3文程度で描写する。

解答例

One day, a man and his wife were reading the newspaper at home. They **came** across an advertisement for a concert and **learned** that tickets were on sale. The man said to his wife that it **was** a concert by **her** favorite singer.

At a ticket shop, the clerk told them that tickets for the concert were already sold out. The man and his wife looked disappointed.

Later that day, they found tickets for the concert at an online auction site. Compared to the starting price, the ticket prices had already doubled. However, they put in a bid.

On the day of the concert, the staff at the entrance gate was examining their tickets and IDs. He told them that the names on their tickets **didn't** match **their** IDs and rejected the tickets.

① 指定された英文で始める。
② 過去形を用いる。
③ 間接話法を用いるときは、代名詞や時制の一致に注意する。
④ 登場人物の心情を描写する。
⑤ 登場人物の行動を描写する。
⑥ 間接話法を用いるときは、代名詞や時制の一致に注意する。

ナレーションで役立つ表現

A was looking forward to *doing*「Aは～することを楽しみにしていた」
A was thinking about [of] *doing*「Aは～することを考えていた」
A thought that *B* would not be able to *do*「AはBが～できないと思った」
A was worried that *B* would *do*「AはBが～することを心配した」
A suggested that *B* do*「AはBが～することを提案した」
A told *B* not to *do*「AはBに～してはならないと言った」

解答例の訳

ある日、男性とその妻は家で新聞を読んでいました。彼らはコンサートの広告を見つけ、チケットが発売中であることを知りました。男性は妻に、コンサートは彼女のお気に入りの歌手によるものだと言いました。

チケットショップで、店員はそのコンサートのチケットはすでに売り切れていると言いました。男性と妻はがっかりした様子でした。

同日のその後、彼らはそのコンサートのチケットをオンラインのオークションサイトで見つけました。開始時の価格とくらべて、チケットの価格はすでに２倍になっていました。しかし、彼らは入札しました。

コンサート当日、入場口の係員は彼らのチケットと身分証明書を確認していました。彼はチケットに載っている名前が彼らの身分証明書と一致しないと言い、チケットを受け付けませんでした。

自分の意見を答える

ナレーションのあと、面接委員から4つの質問が出されます。
No. 1では問題カードのイラストに関する質問、No. 2では
問題カードのトピックに関連する質問が出題されます。

No. 1 解説音声を聞いて、No. 1のポイントを確認しましょう。 43-1

質問文

Please look at the fourth picture. If you were the man, what would you be thinking?

解答例

I'd be thinking, "I can't believe I spent so much money on
①
invalid tickets. I **should have been** more careful and **checked**
②
the ticket regulations before buying them at the online auction
site."

❶質問に合わせた形で答える。続く英文は直接話法でも間接話法でもよい。

❷ should have *done* や shouldn't have *done* を用いると便利。

質問文の訳

4番目の絵を見てください。もしあなたがこの男性なら、どのようなことを考えているでしょうか。

解答例の訳

「無効のチケットにあれほどのお金を費やしたなんて信じられない。もっと慎重になって、オンラインのオークションサイトでチケットを購入する前にチケットに関する規定を確認すべきだった」と考えているでしょう。

〈No. 1〉

・質問の形式と同様に仮定法で答える。

・直接話法、間接話法どちらを使ってもよい。

〈No. 2〉

・初めにYes. / No. どちらの立場であるかをはっきりと言う。

・その理由や説明を2文程度で述べる。

No. 2　解説音声を聞いて、No. 2のポイントを確認しましょう。　43-2

質問文

Should there be tougher security checks at concert venues?

解答例

Yes. の場合

Yes. The safety of concert guests must be the number-one priority. Terrorism continues to be a global issue, so venues should take extra precautions when a large number of people gather in one place.

❶初めに Yes. / No. どちらの立場であるかをはっきりと言う。

❷自分の立場の理由を2文程度で具体的に述べる。

No. の場合

No. Safety is important, but stricter checks could be troublesome for concert guests. Most concert organizers already conduct brief baggage checks. Anything more would take too much time and create a long line at the entrance.

質問文の訳

コンサート会場でより厳しいセキュリティーチェックが行われるべきですか。

Yes. と答えた場合の解答例の訳

はい。コンサートの観客の安全が最優先事項でないといけません。テロは継続して地球規模の問題なので、1か所にたくさんの人が集まるときは、会場は一層の警戒をするべきです。

No. と答えた場合の解答例の訳

いいえ。安全性は大事ですが、より厳しいチェックはコンサートの観客にとって厄介かもしれません。ほとんどのコンサート主催者はすでに簡単な手荷物チェックを行っています。それ以上のチェックは時間がかかりすぎて入口で長い列ができてしまうでしょう。

44 スピーキング❸ 自分の意見を答える

No. 3ではNo. 2と同じく問題カードのトピックに関連する質問、No. 4では問題カードのトピックに関連したやや社会性のある質問が出題されます。

No. 3　解説音声を聞いて、No. 3のポイントを確認しましょう。

　▶44-1

質問文

Do you think social media has a positive effect on young people?

解答例

Yes. の場合

Yes. ❶ It gives young people an opportunity to interact with ❷ a wide variety of people. This can help broaden their views. Also, for many people, it's easier to make friends on social media than in person.

❶ 初めに Yes. / No. どちらの立場であるかをはっきりと言う。

❷ 自分の立場の理由を 2 文程度で論理的に述べる。内容が脱線しないよう注意する。

No. の場合

No. ❶ It's dangerous for young people to be on social media ❷ too often. Many become dependent on these sites, and this can get in the way of their studies. Also, they may not know how to protect themselves from criminals online.

質問文の訳
ソーシャルメディアは若者によい影響を与えると思いますか。

Yes. と答えた場合の解答例の訳
はい。それは若者にさまざまな人々と交流する機会を与えてくれます。これは彼らの視野を広げる助けとなりえます。また、多くの人々にとっては、直接会うよりソーシャルメディアのほうが簡単に友だちがつくれます。

No. と答えた場合の解答例の訳
いいえ。若者があまり頻繁にソーシャルメディアを利用するのは危険です。多くの人はこれらのサイトに依存するようになり、勉強の妨げになってしまう可能性があります。また、彼らはネット上の犯罪者から身を守る術を知らないかもしれません。

・No. 2 と同じく、初めに Yes. / No. どちらの立場であるかをはっきりと言い、その理由や説明を 2 文程度で述べる。
・質問の意図から外れた解答にならないように注意し、論理的なつながりを重視する。
・語いが浮かばないときは、言いたい内容をちがう表現に置き換える。
・質問のあとに不自然な間が空かないようにする（Well. や Let me see. などを使う）。
・ふだんから社会問題に対する意見をもつようにする。

No. 4 解説音声を聞いて、No. 4 のポイントを確認しましょう。 ▶ 44-2

質問文

> Should the government keep encouraging the use of cashless payment methods?

解答例

Yes. の場合

Yes. Consumers and businesses have realized that making cashless payments is safer and more efficient. With these methods, people can make large payments easily. Also, they are very convenient for foreign tourists because they don't need to exchange a lot of money.

❶初めに Yes. / No. どちらの立場であるかをはっきりと言う。
❷理由や具体例を述べる。ふだんから社会問題に対する意見をもつとよい。

No. の場合

No. Many people, especially senior citizens, aren't familiar with cashless payment methods and would prefer to pay in cash. Cash is still considered to be more convenient by many because there are ATMs available around every corner.

質問文の訳
政府はキャッシュレス決済の利用を奨励し続けるべきですか。

Yes. と答えた場合の解答例の訳
はい。消費者も企業もキャッシュレス決済のほうがより安全で効率的であると実感しています。この方法だと、人々は簡単に高額の支払いができます。また、大金を両替しなくてすむので海外からの観光客にとっても非常に便利です。

No. と答えた場合の解答例の訳
いいえ。多くの人々、特に高齢者は、キャッシュレス決済の手順になじみがなく現金での支払いを好みます。いたるところに ATM があるので、今もなお多くの人に現金のほうが便利だと考えられています。

ナレーションの指示を聞いたら、音声を1分間止めましょう。そのあとイラストの内容を説明しましょう。
再度音声を再生し、質問に答えましょう。

問題カード

You have **one minute** to prepare.

This is a story about a man who was a manager of a newspaper company.
You have **two minutes** to narrate the story.

Your story should begin with the following sentence:
One day, a man was talking with a member of his staff in his office.

Questions

No. 1   Please look at the fourth picture. If you were the man, what would you be thinking?

No. 2   Should the government do more to deal with the increasing number of elderly people in Japan?

No. 3   Do you think the behavior of train passengers has become worse these days?

No. 4   Should companies continue to accept more foreign workers?

解答・解説

Questions の訳

No. 1 4番目の絵を見てください。もしあなたがこの男性なら、どのようなことを考えているでしょうか。

No. 2 日本の高齢者人口の増加に対応するために、政府はもっと多くのことをするべきですか。

No. 3 近ごろ、電車の乗客のマナーは悪化してきていると思いますか。

No. 4 企業はもっと多くの外国人労働者を受け入れ続けるべきですか。

ナレーション

解答例

One day, a man was talking with a member of his staff in his office. The staff member was showing the man a graph of the number of subscribers to their newspaper, the ABC Times. It showed that subscribers were decreasing every year, and the woman said that they needed to come up with some new ideas.

At a meeting, the man presented two ideas. One idea was to convert their paper to an online newspaper, and the other was to reduce the subscription fees. His staff thought that going online would be a better choice.

Six months later, when the man was on a train, he noticed that some people were viewing his company's online newspaper on their tablet computers. He seemed pleased. He hoped that the number of subscribers would continue to grow.

Later that day, the man saw an elderly woman at the reception desk of his company. The elderly woman told the receptionist that it was difficult for her to read the online version of their newspaper.

解答例の訳

　ある日、男性はオフィスで1人の社員と話していました。社員は自社の新聞、ABCタイムズの購読者数のグラフを男性に見せていました。それは購読者数が毎年減少していることを示していて、女性は何か新たなアイデアを考え出す必要があると言いました。

　会議で、男性は2つのアイデアを発表しました。アイデアの1つは、彼らの新聞をオンライン新聞に切り替えること、もう1つは購読料を引き下げることでした。社員たちはオンラインに切り替えるほうがよい選択だと思いました。

　6か月後、男性が電車に乗っているとき、何人かの人がタブレットで彼の会社のオンライン新聞を閲覧していることに気がつきました。彼は嬉しそうでした。彼は購読者数が増え続けることを願いました。

　同日のその後、男性は会社の受付で高齢の女性を見ました。その高齢の女性は受付係に、新聞のオンライン版を読むのは彼女にとって難しいと言いました。

> **解説** ナレーションに含めるべき点は、①女性社員が男性に購読者数を回復させるアイデアが必要だと言っている、②会議で男性がアイデアを2つ発表し、社員たちは上の案に賛同している、③6か月後、男性は自社のオンライン新聞を閲覧する人々を見かけ、購入者増を期待している、④高齢の女性が来社し、オンライン版の閲覧は難しいと訴えている、の4つ。間接話法を使うときは、代名詞や時制の一致に注意。

No. 1

解答例

I'd be thinking, "It's a shame that we couldn't meet the needs of our elderly subscribers. We need to find a good way to provide our newspaper to all generations."

解答例の訳

「高齢の購読者のニーズに応えられなくて残念だ。あらゆる世代の人に新聞を提供するよい方法を見つける必要がある」と考えているでしょう。

> **解説** 仮定法での質問に対しては、仮定法 I'd be thinking ～. を使って答えよう。2文目は We need to improve the usability of our online newspaper, especially for senior citizens.「特に高齢者にとっての自社のオンライン新聞の使いやすさを向上させる必要がある。」などと答えてもよい。

No. 2

Yes. と答えた場合の解答例

Yes. A heavy economic burden is placed on the elderly who require intensive nursing care. The government should provide more financial support as well as work to improve the quality of healthcare for them.

Yes. と答えた場合の解答例の訳

はい。重度の介護を必要とする高齢者には大きな経済的負担がかかります。政府は彼らのために医療の質を高めるよう努めるだけではなく、さらなる財政支援を行うべきです。

No. The government is already doing the best that they can. For example, they have encouraged companies to raise the retirement age. Also, many people in Japan believe the government should handle other issues such as the economic recession.

いいえ。政府はすでにできる限りのことをやっています。たとえば、政府は企業に定年退職の年齢の引き上げを推奨しています。また、日本の多くの人は、政府は不景気などほかの問題に取り組むべきだと思っています。

解説 Yes.の解答例ではまず「介護は経済的負担が大きい」という事実をあげ、次に解決策として「医療の質の向上と財政支援」という具体案を述べている。No.の解答例ではまず「政府の対応はすでに十分」という意見を述べ、次にFor exampleやAlsoを使って具体例を2点あげ、自分の意見を支えている。

No. 3

Yes. Today, many passengers are less aware of their surroundings because they're absorbed in using their smartphones. They play music too loudly and aren't willing to give up their seats to expectant mothers or people with disabilities.

はい。このごろ、多くの乗客はスマートフォンを使うことに没頭しているため、周りに気を配らなくなっています。彼らは大音量で音楽を流し、妊婦や障害者に席を譲ろうとしません。

No. In recent years, people have become more considerate of others when riding on the train. This is due to posters on trains promoting good behavior. Also, railway companies now make announcements in several languages, allowing tourists to learn proper train manners.

いいえ。近年、人々は電車に乗っているときに、他人を思いやるようになってきました。これは電車内にある、よいマナーを促進するポスターのおかげです。また、鉄道会社は今では複数の言語でアナウンスをしているので、観光客も電車内での正しいマナーを知ることができます。

解説 Yes.の解答例では、スマートフォンの操作に没頭するがゆえに起きている問題を、No.の解答例では、ポスターやアナウンスによって乗客の行為が改善されてきていることを、それぞれ述べている。自分の考えの裏づけには客観的事実や具体例を使って説得力のある主張を展開しよう。

No. 4

Yes. Japan's birthrate is declining, and it will become increasingly harder for companies to hire young, capable candidates. Foreign workers can help make up for that labor shortage.

はい。日本の出生率は減少しており、企業は若くて有能な志願者を雇うことがますます難しくなっていくでしょう。外国人労働者はその労働力不足の埋め合わせをする助けとなってくれます。

No. The difference in work values and cultural backgrounds is leading to misunderstandings. Companies should first make rules and programs to make sure they can work with their foreign employees smoothly.

いいえ。労働観や文化的背景のちがいは誤解を生みつつあります。外国人労働者と円滑に働くのを確実にするために、企業は最初にルールやプログラムを作るべきです。

解説 Yes.の解答例では、少子化の事例と外国人労働者の受け入れが必要な根拠を述べている。No.の解答例では反対の理由として、労働観・文化的背景のちがいから起こりうる問題をあげ、その解決策を述べている。いずれも、自分の考えを支持する事例や理由を簡潔に述べている。

さくいん

本書の「単語・表現チェック」と「まとめて覚える！ 単語」に
掲載されている単語・熟語の一覧です。

gradual	109	inaccurate	133	investigation	59
grain	109	inception	89	investment	93
gratitude	75	inclusion	117	ironically	38
gravitational	144	incorporate	119	irrational	58
grind	146	incredible	49	irresistible	145
gross	129	incredibly	131	irrigation	129
groundbreaking	131	indicate	58	issue	45
groundwater	129	indifferent	38	keen	111
guarantee	51	indigenous	59	knowledgeable	39
guideline	21	indispensable	123	latitude	144
habitat	129	inevitable	145	launch	73
halt	103	infant	71	legalize	59
hardship	38	infect	97	legible	39
harsh	145	infection	97	legislation	59
hasty	33	infrastructure	59	lessen	27
hectic	33	ingest	125	likelihood	45
heed	95	inherent	109	limitation	89
herd	144	initial	145	literacy	39
hereditary	139	initiative	119	literally	145
heritage	129	inject	131	litter	129
highlight	41	innovate	93	livelihood	144
hospitalization	144	innovation	93	livestock	144
hostage	39	inquiry	58	lodging	144
hostile	145	inspect	75	loiter	65
hurl	101	inspire	91	loyal	81
hydrogen	144	install	77	loyalty	81
hypertension	144	installment	77	lunar	144
hypothesize	131	instinct	109	luxurious	49
identify	123	institution	65	luxury	49
illegal	59	instruction	81	mainstream	59
illiterate	39	instructor	81	major	33
illustrate	119	insurance	67	makeup	89
immediate	103	intelligence	111	mandatory	65
immediately	103	intelligent	111	manufacture	73
immigrant	77	intense	117	manufacturer	73
immigration	77	intentionally	38	mare	144
imminent	45	interact	91	maritime	83
immune	131	interaction	91	martial	59
implement	95	intuitive	133	massive	73
imply	58	intuitively	133	materialism	129
impractical	95	invaluable	91	measure	97
impress	31	invasion	59	medieval	59
impressive	31	inventory	73	mercy	38
improvement	95	invest	93	merge	39